清代广东团练史

1802—1911

何圳泳 —— 著

湖南师范大学出版社
·长沙·

图书在版编目（CIP）数据

清代广东团练史：1802—1911 / 何圳泳著. —长沙：湖南师范大学出版社，2022.10
ISBN 978-7-5648-4746-3

Ⅰ.①清… Ⅱ.①何… Ⅲ.①地方武装—武装力量—史料—广东—1802—1911 Ⅳ.①E287.65

中国版本图书馆 CIP 数据核字（2022）第 200868 号

清代广东团练史（1802—1911）
Qingdai Guangdong Tuanlian Shi（1802—1911）

何圳泳　著

◇出　版　人：吴真文
◇责任编辑：胡艳晴
◇责任校对：谭静雅
◇出版发行：湖南师范大学出版社
　　　　　　地址/长沙市岳麓区　邮编/410081
　　　　　　电话/0731-88873071　88873070　传真/0731-88872636
　　　　　　网址：https：//press.hunnu.edu.cn
◇经销：新华书店
◇印刷：天津画中画印刷有限公司
◇开本：710 mm×1000 mm　1/16
◇印张：12
◇字数：215 千字
◇版次：2022 年 10 月第 1 版
◇印次：2024 年 8 月第 2 次印刷
◇书号：ISBN 978-7-5648-4746-3
◇定价：48.00 元

如有印装质量问题，请与承印厂调换。

目 录

导 论 …………………………………………………………（1）

上编　清代广东团练组织

第一章　历史流变 ………………………………………（15）
　　第一节　民间乡兵组织 ………………………………（15）
　　第二节　社会管理机构 ………………………………（17）
　　第三节　团练发展走向 ………………………………（21）

第二章　组织类型 ………………………………………（24）
　　第一节　乡村团练 ……………………………………（24）
　　第二节　城市团练 ……………………………………（26）
　　第三节　"水团练" ……………………………………（28）

第三章　组织规模与建置形式 …………………………（31）
　　第一节　组织规模 ……………………………………（31）
　　第二节　建置形式 ……………………………………（36）

第四章　组织人员与经费 ………………………………（47）
　　第一节　组织人员 ……………………………………（47）
　　第二节　组织经费 ……………………………………（55）

第五章　办理模式与职能 ………………………………（68）
　　第一节　办理模式 ……………………………………（68）
　　第二节　组织职能 ……………………………………（71）

下编　清代广东团练活动

第六章　嘉庆年间广东团练活动 …………………………………（79）
　　第一节　嘉庆七年至八年（1802—1803）广东天地会起义与广东
　　　　　　团练活动 ……………………………………………………（79）
　　第二节　嘉庆九年至十五年（1804—1810）华南海盗与广东团练
　　　　　　活动 ……………………………………………………………（84）

第七章　道光年间广东团练活动 …………………………………（92）
　　第一节　林则徐抗英斗争中的团练活动（1839—1840）………（92）
　　第二节　鸦片战争期间广东团练的抗英斗争（1840—1841）…（95）
　　第三节　鸦片战争之后广东团练的抗英斗争（1841—1849）…（97）
　　第四节　高州凌十八起义及其当地的团练活动（1850）………（107）

第八章　咸丰、同治年间广东团练活动 …………………………（109）
　　第一节　广东洪兵起义与广东团练活动（1854—1856）………（109）
　　第二节　第二次鸦片战争与广东团练活动（1856—1862）……（124）
　　第三节　潮州团练反对英领事入城斗争（1860—1866）………（133）
　　第四节　广东团练与入粤太平军的斗争（1859—1866）………（135）

第九章　光绪、宣统年间广东团练活动 …………………………（137）
　　第一节　中法战争期间的团练活动（1884—1885）……………（137）
　　第二节　遂溪与香港两地团练的反抗斗争（1898—1899）……（145）
　　第三节　清末广东盗匪问题及其团练活动（1898—1911）……（153）
　　第四节　澳门划界交涉与香山县团练抗葡斗争（1909—1911）
　　　　　　……………………………………………………………（159）

结　语 ……………………………………………………………………（165）
参考文献 …………………………………………………………………（174）
后　记 ……………………………………………………………………（187）

导 论

一、研究缘起

清中期以后中国社会矛盾异常尖锐，其中广东是当时社会矛盾较为集中的一块区域。自清嘉庆以后，广东先后出现了天地会起义、华南海盗扰乱、两次鸦片战争、洪兵起义、土客大械斗、盗匪与会党横行等社会动乱。这些社会动乱反映出清政府日益减弱的社会控制，亦表明了广东乃是清王朝统治链条上较为薄弱的一环。清中期以后广东社会动乱主要分为内乱与外患两种类型：内乱既有以推翻清政府、建立新政权为目的的政治运动，如洪兵起义，又有以劫掠钱财为目的的盗匪作祟，如华南海盗和清末盗匪，还有民间群体性冲突的暴力事件，如土客械斗；外患则有以割地赔款、掠夺中国资源为目的的西方殖民者侵略。清中期以后广东的社会动乱可谓是接踵而至，且呈现出多样性的特点。

清嘉庆以后广东共有6次大型社会动乱（华南海盗扰乱、两次鸦片战争、洪兵起义、中法战争、清末广东盗匪横行），与之相对应的是由官府倡谕的5次大规模的团练活动。可见，清代广东的团练无一不与这些矛盾冲突的发生相伴相随，甚至可以说清代广东团练的发展历史就是清中期以后广东社会发展与变化的一个缩影和真实写照。

笔者在分析清中期以后的广东社会动乱时发现一个有意思的观察点：清代广东天地会主要有两次大规模的起义活动，一是嘉庆七年到八年（1802—1803），陈烂屐四领导的惠州府博罗、归善、永安等县的天地会起义，二是咸丰四年到同治三年（1854—1864），波及两广地区的广东洪兵起义。而这两次大规模的天地会起义在时间发展线上与清代中晚期的白莲教起义（1796—1804）和太平天国运动（1851—1864）形成对应关系，特别是咸丰至同治年间的洪兵起义与太平天国政权之间更是呈现"同生同灭"的命运走向。从这些起义运动的本质上讲，白莲教起义和太平天国运动属于异端教派发动的反清斗争，广东的两次天地会起义则同属于清代秘密结社发动的反清斗争。因此无论是全国性范围的白莲教起义、太平天国运动还是广东的天地会起义，皆是清中晚期国家与地方社会层面的社会矛盾与阶级矛盾的集中表现。清代中晚期广东地区的社会乱象在某种意义上是当时清王朝没落、中央对地方控制衰弱等时代变化在地方区域的一种具体投射，形成了国家与地方之间强烈的对应关系。因此，本书作为一项区域社会史研究，通过清代广东一域的社会动乱及其相应的团练活动，以小见大地去窥察清中期以后的社会发展变化。

另外，对长达一个多世纪的清代广东团练发展史是对受"后现代"思潮影响的"新文化史"研究所带来的"碎片化"等种种弊端的反思，亦是对当前呼吁回归"宏大历史叙事"和"长时段"史实构建研究范式的回应。20世纪80年代以后，"新文化史""微观史"大行其道，成为各国史学研究的主流，而传统"宏大叙事"和"长时段"史学研究范式备受质疑。"新文化史"和"微观史"固然极大地拓展了史学研究的视角与范围，但同时泥沙俱下，不可避免地出现"碎片化"倾向和"只见树木不见树林"的研究短视。当人们热衷于对细微史实和具体问题探究时，似乎忘记了史学研究"究天人之际，通古今之变"的使命所在。细部历史越来越清晰，但整体历史却越来越模糊。因此，克服当前史学研究的"碎片化"倾向，加强构建宏大叙事体系和回归"长时段"史实构建是相当必要的。关于清代广东团练的史料相当零散，通过相对零散的史料去构建出一个相对完整的发展过程，这既是本书写作的一大难点，亦是本书写作的一项重要任务。透过清代广东团练史的构建，探索其背后的发展特点，是本书写作的一个重要目的，同时亦裨补于当下清代广东团练研究之不足。

二、学术史回顾

开创清代团练研究先河的是美国学者弗朗兹·迈克尔。1949年，弗朗兹·迈克尔的《太平天国叛乱时期中国军事组织和权力结构》一文，将太平天国运动期间出现的"团练"（t'uan lien）视为当时民间某一特定类型的地方组织（a certain type of "local corps"），并且还阐述了"团练"的大致规模。① 1966年，美国著名学者魏斐德的《大门口的陌生人：1839—1961年间华南的社会动乱》率先对两次鸦片战争期间广东人民的反抗运动展开考察。② 该书是首部对清代广东团练展开研究的论著，但其研究时段仅限于两次鸦片战争。1990年，美国学者孔飞力的《中华帝国晚期的叛乱及其敌人——1796—1864年的军事化与社会结构》是对太平天国运动时期的团练组织展开系统研究的代表作品，作者提出了19世纪中国地方军事化的研究命题③。但该书研讨的对象是湖南、江西等省的团练，对清代广东团练则少有涉及，且其研究的时段仅限于太平天国运动时期。

20世纪90年代，其他一些国外学者相继对清代广东团练展开一定的探察。例如韩国学者都重万的硕士论文讨论了嘉庆至同治年间广东团练的发展状况，是目前为止学界对于清代广东团练的发展脉络做的一次近乎完整的探索④。但同样令人遗憾的是，都重万对同治以后广东团练的发展情况没有过多的涉及，所以仍旧无法完整窥探出清代广东团练的全貌和发展脉络。此外，都重万考察了嘉庆年间广东地区天地会起义、沿海海盗与团练情况之间的联系。⑤ 都重万还解析了清代广东宗族组织与团练之间的联系。⑥ 日本学者西川喜久子对咸丰年间广东顺德团练总局成立情况进行铺陈。⑦ 以上外国学者关于清代广东团练的探究仍旧处于某一时期广东团练的发展状态或是某一团练组织结构、职能的阶段性研究，缺乏从整体宏观层面对清代广东团练的发展情况进行全面性考察。

---

① Franz Michael, "Military Organization and Power Structure of China during the Taiping Rebellion", *Pacific Historical Review*, Vol. 18, No. 4 (Nov, 1949): 469 – 483.
② ［美］魏斐德著：《大门口的陌生人：1839—1861年间华南的社会动乱》，王小荷译，中国社会科学出版社1988年版。
③ ［美］孔飞力：《中华帝国晚期的叛乱及其敌人——1796—1864年的军事化与社会结构》，谢亮生等译，中国社会科学出版社1990年版。
④ ［韩］都重万：《清末广东团练之研究（1796—1874）》，台湾师范大学硕士论文，1979年版。
⑤ ［韩］都重万：《嘉庆年间广东社会不安与团练之发展》，《清史研究》1998年第3期。
⑥ ［韩］都重万：《清代广东乡治组织与团练之渊源》，阎纯德主编：《汉学研究》（第2集），中国和平出版社1997年版，第356－373页。
⑦ ［日］西川喜久子：《顺德团练总局成立始末》，苏林岗译，中国社会科学院近代史研究所《国外中国近代史研究》编辑部编：《国外中国近代史研究》第23辑，中国社会科学出版社1993年版，第123－165页。

国内的一些学者亦对清代广东团练有过相关探讨。例如台湾学者陆宝千的《论晚清两广的天地会政权》一书中第六章探究了两广天地会起义与团练兴起之间的联系、团练的组成及其行为方向等内容。① 贺跃夫的《晚清士绅与近代社会变迁》一书第二章对清代广东团练的办理模式及其职能有所论述。② 香港学者科大卫的《皇帝与祖宗：华南的国家与宗族》一书的第十九、二十章论述了两次鸦片战争期间广东团练的基本发展情况。③ 清代广东团练组织作为以士绅主导的地方基层社会管理机构，得到一些学者的关注。邱捷、王一娜等学者更侧重于士绅控制下乡村基层社会权力机构方面的研究。道光年间鸦片战争的爆发，广东地区乡约、社学、书院等具有文化教育功能的士绅组织完成了向军事功能团练组织的转化。④ 咸丰、同治时期广东地区由士绅建立的团练组织，如公约、公局等不仅具有军事功能，而且兼具行政、征收税费、地方防卫和司法审判多种行政职能，成为广东地区基层社会的实际管理组织。⑤

至于清代广东团练活动的官绅关系研究，邱捷以同治年间广东广宁县为例叙述了知县与士绅之间的征粮与抗粮斗争，但这并不属于广东团练活动时期。⑥ 同样赵东亮的《明清佛山地方治理研究》一书虽有提及官绅之间的合作与冲突，但也只局限于义仓管理与士绅抗粮行为方面的讨论，而且同样不在广东团练活动的时间范围内。⑦ 而王一娜的《清代广府乡村基层建置与基层权力组织——以方志的记述为中心》详细描述了广东地区道光至同治年间士绅组织的建立过程，其中不乏对战乱之后"绅权扩张"问题进行阐述，

---

① 陆宝千：《论晚清两广的天地会政权》，台湾"中央研究院"近代史研究所专刊第33种1985年版，第233-286页。
② 贺跃夫：《晚清士绅与近代社会变迁——兼与日本士族比较》，广东人民出版社1994年版，第18-53页。
③ 科大卫：《皇帝和祖宗：华南的国家与宗族》，江苏人民出版社2010年版，第320-358页。
④ 杨念群：《论十九世纪岭南乡约的军事化——中英冲突的一个区域性结果》，《清史研究》，1993年第3期。
⑤ 邱捷：《晚清广东的"公局"——士绅控制乡村基层社会的权力机构》，《中山大学学报（社会科学版）》2005年第4期。邱捷：《清末香山的乡约、公局——以〈香山旬报〉的资料为中心》，《中山大学学报（社会科学版）》，2010年第3期。王一娜：《晚清珠三角地区公约、公局的缘起及初期演变》，《广东社会科学》2011年第6期。
⑥ 邱捷：《知县与地方士绅的合作与冲突——以同治年间的广东省广宁县为例》，《近代史研究》2006年第1期。
⑦ 赵东亮：《明清佛山地方治理研究》，广东人民出版社2017年版，第107-113页。

但也仅局限于对咸丰年间的大战乱中，士绅权力组织拥有官府默许的处决人犯权力展开讨论。① 何文平在其《变乱中的地方权势：清末民初广东的盗匪问题与社会秩序》一书中围绕清末广东地区盗匪的治理展开分析，官府在团练抑制盗匪未见良效的形势下，转而仿照西方警察制度推行巡警制。② 而巡警制的推行一度冲击团练在基层社会的管理地位，由此引发办团士绅与官府之间的矛盾。③

就涉及清代广东团练的相关论著而言，有两个问题值得注意：

一是就研究区域来看，多数涉及清代广东团练的研究和著作偏重清代广州一府，甚至广州一城。例如魏斐德的论著只是针对鸦片战争期间广州城的抗英斗争展开的。④ 又如王一娜的专著则就南海、番禺、顺德、东莞、香山、新会的"广府六大县"的情况展开。⑤ 如此，以清代广东团练为专题的研究不仅相对薄弱，其中除广府以外的广东其他区域的团练研究亦是相当薄弱。

二是研究时段问题。已有能够涉及清代广东团练的研著，大多集中于咸丰、同治年间展开讨论，部分如都重万对于嘉庆年间广东团练、杨念群对于鸦片战争时期和何文平对于清末民初广东团练做出探究。⑥ 论文方面，如韩国学者都重万的硕士论文讨论了嘉庆至同治年间广东团练的发展状况，是目前为止学界对于清代广东团练的发展脉络做的一次近乎完整的探索。⑦ 但同样令人遗憾的是，都重万对同治以后广东团练发展情况没有过多的涉及，自其硕士论文之后没有继续对清代广东团练展开探索，所以仍旧无法完整窥探

---

① 王一娜：《清代广府乡村基层建置与基层权力组织——以方志的记述为中心》，南方日报出版社2015年版，第151－154页。

② 何文平：《变乱中的地方权势：清末民初广东的盗匪问题与社会秩序》，广西师范大学出版社2011年版，第147－155页。

③ 何文平：《清末广东巡警制的创建与官绅关系》，《中山大学学报（社会科学版）》，2006年第5期。

④ ［美］魏斐德：《大门口的陌生人：1839—1861年间华南的社会动乱》，王小荷译，中国社会科学出版社1988年版。

⑤ 王一娜：《清代广府乡村基层建置与基层权力组织——以方志的记述为中心》，南方日报出版社2015年版。

⑥ ［韩］都重万：《嘉庆间广东社会不安与团练之发展》，《清史研究》1998年第3期；杨念群：《论十九世纪岭南乡约的军事化——中英冲突的一个区域性结果》，《清史研究》，1993年第3期；何文平：《清末地方军事化中的国家与社会——以广东团练为例》，《学术研究》，2009年第9期。

⑦ ［韩］都重万：《清末广东团练之研究（1796—1874）》，台湾师范大学硕士论文，1979年。

出清代广东团练的整体全貌和发展脉络。此外，都重万还考察了嘉庆年间广东地区天地会起义、沿海海盗与团练情况之间的联系。① 日本学者西川喜久子对咸丰年间广东顺德团练总局成立情况进行铺陈。② 清代广东团练在研究时段上缺乏连续性。

因此，无论是从地域的整体性，还是从研究时段的完整性，以清代广东团练为专题的研究有待进一步完善。迄今为止，较少学者会将清代广东团练作为专题进行研究，所以以清代广东团练作为一个独立课题展开研究，还是存在一定探索空间的。而构建一个完整的清代广东团练发展过程则是清代广东团练专题研究的首要之务，本书则从清代广东团练组织和团练活动两个方面展开探究。

三、研究范围

（一）空间范围

清代广东统辖的行政地域范围包括今天广东省、海南省和广西壮族自治区范围内的钦廉等地区，但受清代广东团练相关史料所限，本书的研究范围主要集中于广州府、肇庆府、高州府、罗定州、韶州府、惠州府、潮州府、廉州府等区域，不包括海南省。

清代大规模团练活动形成的主要因素有二：一是大规模的社会动乱；二是官方的大力倡导。因此，本书论述的重点在于，清中后期广东地区大规模并具有一定社会影响的官办团练活动，及其团练活动之下具有社会管理职能的团练组织。本书集中对奉札办团的团练组织及其活动展开讨论，即所讨论的团练组织及活动具有明显的官办性质。本书以清代广东团练为研究对象，主要以嘉庆七年至宣统三年（1802—1911）官方主导的五次大规模办团行动为论述对象。所以，本书的论述对象并非清代整个296年统治时间内广东地区所有的团练活动。

（二）时间范围

嘉庆七年至宣统三年（1802—1911）是本书的研究时段。尽管清初广

---

① ［韩］都重万：《嘉庆间广东社会不安与团练之发展》，《清史研究》，1998年第3期。
② ［日］西川喜久子：《顺德团练总局成立始末》，苏林岗译，中国社会科学院近代史研究所《国外中国近代史研究》编辑部编：《国外中国近代史研究》第23辑，中国社会科学出版社1993年版，第123—165页。

东地区存在零星的团练组织及其团练活动，但这些并不在本书的研究范围之内。清嘉庆中原地区的白莲教起义促发了团练组织的广泛设立及其团练活动的广泛开展，同时期的广东地区亦爆发了天地会起义，广东团练组织借以登上历史舞台，成为协助官府戡平内乱的得力助手。本书以嘉庆七年（1802），即广东天地会起义的爆发时间作为研究的时间上限。

宣统三年（1911），辛亥革命爆发，清朝覆亡。清政权结束，在官方主导下的清代广东第五次团练活动亦随之结束。第五次办团活动由于清末广东政局的频繁变动而断断续续，其间团练活动也因官、绅矛盾的表面化而多次中止。尽管官方停止办团活动，但地方办团依旧持续。这些地方办团有的是依附官府进行，有的是出于自保自卫的目的，甚至是出现劣绅办团、扰乱地方秩序的恶劣现象。因此，清末广东团练既有官办，也有"官督绅办"或民办。这些团练对社会秩序产生不同的影响，既有维护社会秩序，也有扰乱社会秩序。因此，广东团练活动不止于官方的办团活动，更在于民间办团活动规模的广泛性和时间的持久性。许多民间团练组织不因清政权的覆灭而消亡，而是一直延续到民国时期，并与民国时期广东民团、商团产生紧密联系。因此，本书取1911年作为清代广东团练活动的时间下限既是对广东民间团练活动时间进行观照，同时也便于与民国时期广东民团、商团的发展研究在时间线上形成紧密的衔接。

晚清到民国在中国历史上是一个风云变幻的大时代。如果我们着眼于中国历史上的历次变化，其实可以"风物长宜放眼量"。很多事物只有放置在几十年甚至上百年的历史长河中才能完整准确地看出它的发展形态，清代团练亦如此。法国年鉴学派布罗代尔认为，以某种重大事件为中心，短时段地去观察和研究历史，这类历史研究只不过是瞬息万变、喧嚣一时的新闻而已。① 只有长时段地观察和研究历史，才能找到历史发展的真正动因。所以说研究历史宜从更长的时段去进行考究，这也是避免落入"碎片化"窠穴的有效方法。

当然，宏大的历史叙事和长时段的史学研究对于一个科研新手来说是个极大的挑战，其研究自然也无法在长时段的历史发展时期内对事物形成面面俱到的观照。因此，本书只能选取1802—1911年广东团练活动中的典型事例进行针对性剖析，以期进一步凸显清代广东团练活动及其组织的特点。

---

① ［法］费尔南·布罗代尔：《历史科学和社会科学：长时段》，何兆武主编：《历史理论与史学理论：近现代西方史学著作选》，商务印书馆1999年版，第817页。

四、资料使用

清代团练的资料多以官书档案、文集和地方志为主。其中代表朝廷和官府立场的上谕与大臣奏议、封疆大吏编撰的个人文集，以及地方士绅编撰的地方史志等，无一不是以统治集团（官与绅）的立场与观点出发，对清代团练情况展开叙述。清代团练虽为一种民间社会组织形式，但能够查阅到的反映民众活动的资料极少。两相对比之下，由于清代团练史料的记录者多是清代的统治集团，由此导致许多学者在分析与研究清代团练时，难以避免从官方立场进行展开。这是资料使用给文本分析带来的局限之一。

晚清史料浩如烟海，其中单论鸦片战争、第二次鸦片战争、太平天国运动、洋务运动、中法战争、中日甲午战争、戊戌变法、义和团运动、八国联军侵华与《辛丑条约》签订等重大历史事件的基本史料就数以亿计。而清代团练史料分布极为零散，散落于上谕与奏议等官方文书档案、地方志以及零星近代报刊中，数量大，分布广，其搜集查找相当困难。假有对清代团练产生兴趣的研究者，部分亦因其数量庞杂、搜集困难而产生"退缩"心理。相关资料的量多繁杂以及直接史料的短缺，是形成当下清代团练研究"冷遇"局面的一大重要因素。

清代广东团练研究从属于清代团练研究，其在史料方面遭遇的困难亦相同。并且当前没有关于清代广东团练相关的资料史集整理出版，因此笔者在撰写本书之前则需先对相关史料进行梳理，务必做到"论从史出"。现将本书所使用到的相关资料统一进行整理与说明，以备以后系统利用。

第一，辑录上谕、大臣奏议等史料的官书档案和文集。

《清史稿》卷133"兵志四"的"乡兵"条目按照时间顺序记录了清代团练的大致发展过程，并收录了一些上谕与奏议。其中提到道光二十三年（1843）鸦片战争期间，朝廷谕办广东团练"助防海口"，以升平社学为团练总汇之地。① 包括光绪六年（1880），两广总督张之洞募乡兵协守虎门；光绪二十四年（1898），两广地区会匪滋事，朝廷谕令两广地区一个月内速办团练等事情。②

《皇朝续文献通考》卷215、卷216亦收录一些上谕与奏议。例如其中

---

① 赵尔巽等：《清史稿》第14册（卷133），中华书局1977年版，第3951页。
② 赵尔巽等：《清史稿》第14册（卷133），中华书局1977年版，第3960–3961页。

提及鸦片战争期间两广总督祁𡑅奏请兴办团练以联络声势，光绪二十四年（1898），两广总督谭钟麟奉旨筹办广东团练保甲等情事。①

晚清时期一些皇帝上谕可见于中国第一历史档案馆编录的《嘉庆道光两朝上谕档》《咸丰同治两朝上谕档》《光绪宣统两朝上谕档》等档案中。②例如在嘉庆九年（1804），朝廷调整治理海盗政策，摒弃以往单凭官方武装对海盗进行缉捕的方式，转而在广东地区兴办团练，联合民间力量共同打击海盗。③嘉庆十四年（1809），两广总督张百龄继续推行团练政策，并得到嘉庆皇帝的认可。④

《叶名琛档案》（全称《叶名琛档案——清代两广总督衙门残牍》）是道光咸丰年间叶名琛督粤期间处理政事的重要官方档案，也是目前国内保存最为完好的清代督抚档案。第二次鸦片战争爆发以后，英法联军进攻广州，并俘虏了两广总督叶名琛，这批档案亦随之流落海外。后经国内机构与学者和英国档案馆协商合作，这批档案终于得以整理并于2012年发行出版。该档案中记录了不少叶名琛在广东洪兵起义和第二次鸦片战争期间办团信息，例如道光二十九年（1849）反入城斗争中叶名琛组织广州城内街约团练的情况，又如咸丰年间广州城各商行以及广州府各州县捐输团练经费数额等。目前学界对这批档案缺乏一定的关注，对这批档案的使用、分析较少。这批档案有待进一步深入发掘与探索。

《皇朝经世文编》和《皇朝经世文续编》收录了许多大臣关于办理团练的奏议⑤。例如嘉庆九年（1804），两广总督倭什布面对华南海盗的侵扰日

---

① ［清］刘锦藻撰：《清朝续文献通考》卷215、216，王云五总编：《十通第十种·清朝续文献通考》（万有文库本）第1册，商务印书馆1936年版，第9617、9632-9633页。

② 中国第一历史档案馆编：《嘉庆道光两朝上谕档》，广西师范大学出版社2000年版。中国第一历史档案馆编：《咸丰同治两朝上谕档》，广西师范大学出版社1998年版。中国第一历史档案馆编：《光绪宣统两朝上谕档》，广西师范大学出版社1996年版。

③ 中国第一历史档案馆：《嘉庆道光两朝上谕档》第9册，广西师范大学出版社2000年版，第136-137、150-151、174-176、184、246-247页。

④ 中国第一历史档案馆：《嘉庆道光两朝上谕档》第14册，嘉庆十四年八月初四，广西师范大学出版社2000年版，第481页。

⑤ 《皇朝经世文编》由贺长龄辑录，魏源代编，主要辑录清代前期和中期部分学者文章和官吏奏疏。《皇朝经世文续编》主要有葛士濬光绪十四年（1888）版本和盛康光绪二十三年（1897）版本。

益频繁的情况，奏请调整治理海盗政策，实施力行保甲、兴办团练方案。①同时亦包括地方官员就如何办理团练向督抚提出的建议。如嘉庆年间署理雷州海防同知程含章给两广总督张百龄的禀文，针对保甲废弛的问题，提出了兴办团练以弥补保甲不足的建议。②再如时任两广总督那彦成幕僚的严如熤，曾就如何治理华南海盗问题提出了《沿海团练说》。③

一些史料汇编收录有历任广东地区督抚以及钦差大臣兴办广东团练的奏议。如《延厘堂集》收录了嘉庆九年（1804）广东巡抚孙玉庭为了应对华南海盗问题，奏表朝廷要求行保甲，举团练的奏议。④又如《那文毅公奏议》辑录了嘉庆十年（1805）两广总督那彦成兴办广东团练，打击华南海盗的相关奏议。⑤再如鸦片战争期间赴任广东查禁鸦片的钦差大臣林则徐，为了防止英商洋人作乱，一度募水勇协守海防。⑥其后，李鸿章、郭嵩焘、毛鸿宾、张之洞、彭玉麟、谭钟麟、张树声等诸位担任广东地区的督抚或赴任广东的钦差大臣，亦先后督办广东团练，并发表相关见解。⑦同时，一些广东的地方官吏亦对如何兴办广东团练提出了建议。光绪年间，时任肇罗（肇庆、罗定）道台的方濬师，向两广总督谭钟麟提出了"寓团练于保甲之

---

① ［清］倭什布：《筹办洋匪疏》，［清］贺长龄：《皇朝经世文编》卷85，沈云龙主编：《近代中国史料丛刊》第一辑第731册，文海出版社1966年版，第3055－3057页。

② ［清］程含章：《上百制军筹办海匪书》，［清］贺长龄主编：《皇朝经世文编》卷85，沈云龙主编，《近代中国史料丛刊》第74辑，文海出版社1972年版，第3071页。

③ ［清］严如熤：《沿海团练说》，［清］贺长龄主编：《皇朝经世文编》卷83，沈云龙主编：《近代中国史料丛刊》第74辑，文海出版社1972年版，第2960－2961页。

④ ［清］孙玉庭：《防剿洋匪情形疏》，《延釐堂集》奏疏卷上，国家清史编纂委员会：《清代诗文集汇编》第438册，上海古籍出版社2010年版，第33页。

⑤ ［清］章佳容安辑：《那文毅公两广总督奏议》，沈云龙主编：《近代中国史料丛刊》第21辑，文海出版社1973年版。

⑥ 陈锡祺主编：《林则徐奏稿·公牍·日记补编》，中山大学出版社1985年版；《林则徐全集》编辑委员会：《林则徐全集》，海峡文艺出版社2002年版。

⑦ 顾廷龙、戴逸主编：《李鸿章全集》，安徽教育出版社2008年版。［清］郭嵩焘撰，梁小进主编：《郭嵩焘全集》，岳麓书社2012年版。［清］王先谦编：《郭侍郎（嵩焘）奏疏》，沈云龙主编：《近代中国史料丛刊》第16辑，文海出版社1973年版。［清］郭嵩焘：《郭嵩焘奏稿》，杨坚点校，岳麓书社1983年版。［清］毛承霖：《毛尚书（鸿宾）奏稿》，沈云龙主编：《近代中国史料丛刊》第61辑，文海出版社1973年版。苑书义、孙华峰、李秉新主编：《张之洞全集》，河北人民出版社1998年；［清］王树枏编：《张文襄公（之洞）全集》，沈云龙主编：《近代中国史料丛刊》第49辑，文海出版社1970年版。［清］彭玉麟著，梁绍辉等整理：《彭玉麟集》，岳麓书社2003年版。［清］谭钟麟：《谭文勤公（钟麟）奏稿》，《近代中国史料丛刊》第33辑，文海出版社1973年版。［清］何嗣焜编：《张靖达公（树声）奏议》，沈云龙主编：《近代中国史料丛刊》第23辑，文海出版社1973年版。

中"的建议。①

另外,《清实录》作为清代官方重要史料,其中亦有朝廷与地方官员关于如何兴办广东团练等政策分析与情况的讨论。广东省地方史志编委会办公室、广州市地方志编委会办公室于 1995 年编录一套《清实录广东史料》(全 6 册)②,虽然这套书极大方便了笔者对清实录广东史料的查阅,但本书为了史料引用的规范,对《清实录》的引用仍以中华书局 1986 年的《清实录》(全 60 册)③ 为主。

以上大部分史料基本是关于清代广东团练的上谕与大臣的奏议,对这些史料的搜集与整理有助于进一步反映官方对于广东地区办理团练的态度转变,以及相关的政策实施,在宏观上有助于对长达百余年的清代广东团练发展情况的认知。

第二,有清代广东团练相关记录的广东地方志。

中国地方志一般由当地行政机构汇集当地一批有名望的士绅进行撰写,因此无论人力还是资料的来源都比较充分,对于本地发生的重大事件,都会进行较为仔细的调查,然后根据采访的资料进行编写。地方志对于人物信息和记事的可信性较高,而且记录了许多官方史书所忽略的地方史实。一般说来,地方志主要分为三种,即省志、府志和县志,部分地区编有当地的乡志,如广东的《佛山忠义乡志》《茶山乡志》等。省的通志比府志简略,府志比县志简略,而县志的记载是最为详尽的。因此,如果省志、府志和县志中出现对于同一人物信息或同一事件的相同记载,原则上能采用县志的记录就无须再引用府志或省志的记录。清代广东团练作为一项区域史研究,清代广东地区的地方志无疑是研究广东团练极为重要的参考资料。广东历代地方志中对于清代广东团练的记载,有助于进一步了解与分析广东团练在各个地区的落实与办理情况,细化对清代广东团练的研究。

地方志记录的内容包罗万象,包括政治、经济、文化、风俗、人物、地理、气候、物产等,所以地方志记录的信息一般较为简单、分散。因此,本书在对清代广东团练展开整体研究之前,必须先对散落在广东地方志中有关

---

① [清] 方濬师:《岭西公牍汇存》卷 2,沈云龙主编:《近代中国史料丛刊》第 27 辑,文海出版社 1973 年版,第 333 页。

② 广东省地方史志编委会办公室、广州市地方志编委会办公室编:《清实录广东史料》(全 6 册),广东省地图出版社 1995 年版。

③ 《清实录》(全 60 册),中华书局 1986 年版。

团练的所有资料信息进行搜集整理，然后按照各地区的时间先后顺序编立成史料长编。

第三，记录清代广东团练的报纸、日记与外人记载。

广东地区地方志对于团练的记录仅止于同治时期，光绪年间广东地区陆续有过几次办团行动，一些报纸对于清末广东的团练活动有相应的报道。报纸对于广东团练的报道，补充了地方志记录上的不足，使我们能够进一步了解到清末广东的团练活动情况。例如《岭海报》记录了光绪二十四年（1898），两广总督谭钟麟在广州城设立团练总局延请局绅的具体人数和信息。① 此外，《申报》重点关注了清末广东盗匪问题，并报道了广州城办理团练的情况，以及光绪二十九年（1903）在办团期间，总督岑春煊与省城士绅围绕广州城治安管理控制权产生的矛盾与冲突。《香港华字日报》中当时有几则新闻报道了光绪二十一年（1895）、二十七年（1901）、二十九年（1903）广州城河南地区的团练公局出面协调了当地的几次械斗事件。②《香港华字日报》还报道了清末顺德县盗匪、会党活动情况，反映出当地治安的恶化。③《岭东日报》自光绪二十八年至三十四年（1902—1908）每期的"潮嘉新闻"一栏详细报道了清末粤东地区（潮州府与嘉应州）盗匪、会党活动、乡村械斗等社会治安问题。④ 当时控制潮嘉地区的团练组织称为保安团练局（保安局），《岭东日报》对于保安局的设置及其职能，以及对于基层社会治安的管理有详细的报道。报纸一类的资料对广东团练的记录相对零碎，辑录起来亦有一定的难度，所以只能作为补充材料进行对比参照。

---

① 《谕办民团》，《岭海报》1898年10月4日；《大绅办团》，《岭海报》1899年1月22日。
② 《弹压械斗》，《香港华字日报》1895年7月27日；《几酿械斗》，《香港华字日报》1901年5月17日；《息争赔款》，《香港华字日报》1901年6月26日；《乡斗详述》，《香港华字日报》1903年6月4日。
③ 《顺德三合会匪之猖獗》，《香港华字日报》1910年9月28日；《顺德盗贼甲天下》，《香港华字日报》1910年9月13日；《顺德真无一寸净土》，《香港华字日报》1910年12月27日；《顺德桂洲匪风之猖獗》，《香港华字日报》1907年12月15日；《顺属三点会之披猖》，《香港华字日报》1907年10月23日。
④ 《（光绪）岭东日报》见广东省立中山图书馆的"微缩文献全文数据库系统"，可查找到每期的全文。

上编 清代广东团练组织

上编部分将对清代广东团练组织的历史流变、类型、规模、形式、办理模式、人员、经费、职能等方面展开深入探究，以进一步明晰清代广东团练作为地方民间组织的具体情况。

第一章
历史流变

　　清代广东团练最初是一种民间乡兵组织，受官方的引导，与地方管理制度发生紧密结合，渐趋成为基层社会的管理机构，呈现"地方行政化"的发展趋向。清代广东团练组织的"地方行政化"发展趋向，与湖南、安徽、江西等省份团练的"地方军事化"相区别。

第一节　民间乡兵组织

　　清代广东团练是乡兵的一种形式，属于一种非正规的地方自卫武力，具有维护地方治安功能。① 清代团练组织作为一种地方自卫武力，绝非仅存在于清代中晚期，早在清前期就已存在，且其渊源可追溯至明代。② 清代团练与社会动乱息息相关，社会动乱是团练组织得以存在的一种重要前提，"应乱而起"是清代团练的一大特点。

　　清代广东团练作为一种乡兵组织形式，并不是直到嘉庆九年（1804）才出现，而是早已存在于广东民间社会。每逢有社会动乱产生斗争，才会有相关的团练活动记录。众多广东地方志的记录中，可窥见其零星的活动痕

---

①　[韩] 都重万：《清代广东乡治组织与团练之渊源》，阎纯德主编：《汉学研究》第2集，中国和平出版社1997年版，第356页。
②　陈宝良：《明代的民兵与乡兵》，《中国史研究》1994年第1期；陈骏：《清前期团练问题研究》，《清史研究》2021年第5期。

迹。例如明末清初粤东的吴六奇集团。明末清初，时局动荡，吴六奇以保护村寨为名，募集乡勇，逐渐形成一大地方势力。① 又如顺治十七年（1660），海寇"臭红肉"丘辉有船百余艘，游弋海上，由甲子门沿劫览表、新寮等乡。宪檄团练乡勇。（潮州府惠来县）知县张秉政选择精壮八百名，调习操演，捐资造三眼枪一百五十门，分发乡勇，棋布要冲等处，贼知有备乃引去②。直至康熙年间，清王朝的国家统一战争仍未结束，台湾的郑氏集团不断袭扰南部沿海地区，以及"三藩之乱"等导致广东地区战乱不断，此时广东民间的团练组织不仅有护卫桑梓的作用，而且在必要时亦会配合官军完成一些征剿活动。"（康熙十一年）九月，台湾巨逆李奇等率寇船流劫新安地方，游移濠涌，登岸屠掠。知县李可成，游击蔡昶统集乡勇官兵协力擒捕。"③"（三藩之乱时）伪城守游击芮梦龙亦以新会降贼。时有天台村民以大义相鼓励，筑堡御贼，相持者十日，杀贼数百。"④ 清初，广东地区只存在零星的团练组织及其相关的团练活动。康乾盛世时期，清王朝的统一战争基本完成，大规模的战乱减少，广东地区进入一个相对平静的时期，这时广东团练活动较少。

嘉庆五年（1800），肇庆府阳江县绅民曾招募乡勇、组建团练与当地天地会起义军展开斗争，并且由于"剿匪得力"，团练的组织者方世型等绅衿也受到官府的表彰和奖赏。⑤ 清中期的广东团练作为民间乡兵不仅具有护卫桑梓之职能，而且还适时地参与官府的一些征剿活动，以协助官府稳定社会秩序。

嘉庆时期，华南海盗频繁对广东沿海地区发动袭扰，严重搅乱广东地区沿海州县的社会秩序。嘉庆十年（1805），两广总督那彦成发布告示劝谕沿

---

① 《（民国）饶平县志补订》卷9，名宦，吴六奇传，香港大学冯平山图书馆藏稿本，第44页。

② 《（雍正）惠来县志》卷11，兵事，《中国方志丛书·第116号》，成文出版社1967年影印本，第398页。

③ 《（光绪）广州府志》卷80，前事略，《中国地方志集成·广东府县志辑》第2册，上海书店2003年版，第388页。

④ 《（光绪）广州府志》卷80，前事略，《中国地方志集成·广东府县志辑》第2册，上海书店2003年版，第389页。

⑤ 中国人民大学清史研究所、中国第一历史档案馆编：《天地会》第6册，中国人民大学出版社1987年版，第419页。

海乡村的绅耆办团守御,协助官府对海盗展开封锁与打击。其中顺德县的士绅、乡勇响应官府号召组建团练,配合官府打击海盗,成为广东其他州县的典范。① 嘉庆十五年(1810),海盗在官府与地方团练的联合打击之下趋于沉寂,此后广东沿海没有再形成大规模的海盗劫掠活动。咸丰四年(1854),广东各地爆发了大规模的洪兵起义,并且洪兵乱党形成庞大的阵势对各地县城乃至广州城进行围攻。当时广州附近地区和各地州县为了抵御洪兵乱党的侵扰,皆各自组建团练以应对动乱。例如广州府南海县的敦化社学、同人社学、公浦五堡公所等团练组织,番禺县沙湾、茭塘两司设立的沙茭团练总局,香山县的防御公局,东莞县的东莞团练公局、祥和社、平康社等团练组织,新会县的冈州公局、西南团练公局、东北公局等团练组织,顺德县的顺德团练总局。②

第二节 社会管理机构

清代广东团练实现了从乡兵组织向具有军事武装的社会管理机构的形式转变,其职能由原来单一的军事功能拓展为兼具军事武装、社会管理的双重功能。

到了嘉庆华南海盗活跃时期,广东部分地区的团练组织开始由乡兵组织向社会管理机构转变,其中最为典型的代表是顺德县"护沙"组织到容桂公约的建立。随着华南地区宗族势力的扩大,为了进一步维护与保有族产,防范外来势力侵犯本族利益,他们一般会设立大大小小的武装队伍。清代广

---

① 何圳泳:《"一时之功"与"长久之计":"坚壁清野"治盗方略的解析——以嘉庆十年(1805)两广总督那彦成的海盗治理为例》,《汕头大学学报(人文社会科学版)》2019年第8期,第138-139页。
② 王一娜:《晚清珠三角地区公约、公局的缘起及初期演变》,《广东社会科学》2011年第6期,第48页。郑海麟:《鸦片战争时期广东以社学为中心的抗英斗争》,《深圳大学学报(人文社会科学版)》1990年第3期,第91页。杨念群:《论十九世纪岭南乡约的军事化——中英冲突的一个区域性结果》,《清史研究》1993年第3期,第120页。

东地区珠江三角洲地区的沙田大部分为宗族所占有①，并且沙田区域的一切管理活动皆由宗族组织主持进行②。因此，沙田区域关乎宗族利益，控制沙田区域的宗族组织一般会设立"护沙"武力组织以维护沙田区域的管理。为了抵御豪右世家的"占沙""抢割"，同时防御盗匪侵扰等需要，一般拥有沙田产业的沙田业主皆有"护沙"组织庇护。他们或自行组建，或联合其他沙田业主组建，或加入其他势力庞大的"护沙"组织。珠江三角洲地区沙田区域的"护沙"组织林立。嘉庆九年（1804），海盗张保仔突入顺德县"东海十六沙"实施劫掠。③为了应对海盗的进犯，顺德县士绅胡鸣鸾在各乡"护沙"组织的基础上建立起一个规模更为庞大的"护沙"组织——容桂公约。嘉庆十四年（1809），海盗张保仔再次深入内河劫掠村庄，洗劫乡镇，东莞、新会、南海、番禺、顺德、香山等沿海州县备受侵扰，其中顺德县诸村被焚劫甚惨。④顺德县大良士绅龙廷槐主持民间联防，组建团练，亲赴四乡募勇，促使容桂公约的武装力量有了进一步的发展⑤。

而此时的容桂公约绝不再只是一个民间的武装组织，它是得到当地官府的认可，且兼备处理民间诉讼的司法机构。公约组织是由嘉庆五年（1800）顺德知县沈权衡大力推广的一种基层社会管理组织。⑥自知县沈权衡颁布政令之后，顺德县各地方设立公约成为一种制度。沈权衡还对公约的办事地点、约绅遴选与任命做出规定。他授予公约"保良攻匪"的权责。实施"保良攻匪"是知县沈权衡设立并推行公约的一个主要目的。嘉庆年间盗匪横行、保甲废弛，知县沈权衡为了规避匪类混入乡村为非作歹，设立公约组

---

① 谭棣华：《清代珠江三角洲的沙田》，广东人民出版社1993年版，第232页。
② [日] 夏井春喜：《鸦片战争广东的抗英斗争》，李少军译，许秀灵校，武汉大学历史系鸦片战争研究组编：《外国学者论鸦片战争与林则徐》上册，福建人民出版社1989年版，第213页。
③ 《（咸丰）顺德县志》卷21、卷26、卷27、卷31，广东省地方史志办公室辑：《广东历代方志集成·广州府部》第17册，岭南美术出版社2007年版，第499、641、652－653、709－710页。
④ 《（咸丰）顺德县志》卷21，列传，文传，广东省地方史志办公室辑：《广东历代方志集成·广州府部》第17册，岭南美术出版社2007年版，第500页。
⑤ 《（咸丰）顺德县志》卷26，广东省地方史志办公室辑：《广东历代方志集成·广州府部》第17册，岭南美术出版社2007年版，第641页。
⑥ 《（咸丰）顺德县志》卷21，列传，文传，广东省地方史志办公室辑：《广东历代方志集成·广州府部》第17册，岭南美术出版社2007年版，第498页。

织，实施巡逻监督。如发现匪类，村民则应当及时官告，谓之"攻匪"；如若发现良善被诬陷为盗匪，则可以通过士绅出名领还，谓之"保良"。① 除此之外，公约有权处理小额钱债纠纷或乡民争吵斗殴事件，如果已成诉讼却长时间没结案，且非"命盗奸拐"等大案，则可由公约召集涉案双方协商处理销案。

为了方便缉捕地方盗匪，官府赋予了容桂公约缉捕、查拿盗匪的权力。"故办匪以大乡大族之巨匪为要，迩年节次攻办。文武衙门皆责成该乡绅秉公攻首缉拿解送。"② 为了缉捕盗匪的需要，容桂公约还设立了一定的武装组织。"桂洲进士胡鸣鸾约同城乡业绅禀准邑候，在容奇圩头设容桂公约，召募沙勇二百余名，购置炮械，分配大小船艇十余号赴沙巡防，每亩抽银八分，以资办公。"③ 为了维持公约的运营，容桂公约还拥有一定的征税权，不仅征收沙田的捕费，而且还揽办了牌规银的征收。此外，容桂公约还要向官府领取沙牌，向官府缴纳一定的银两，并接受官府的管控④。

到了光绪年间，处于广东社会基层的类似顺德公约的团练组织都订立了相关的团练章程。光绪三十二年（1906）江尾五堡联防公约订立了详细的团练章程，成为顺德县各区团练的样板。

> 守御之法，其目四：曰齐应号、严堵截、断归路、搜窜匪。
> 靖内之法，其目六：曰绝窝藏、严驱逐、惩勾引、防截抢、办打单、禁销赃。
> 缉捕之法，其目四：曰惩拘捕、报匪踪、防暗渡、悬赏格。
> 赏赉之法，其目四：曰赏获匪、赏获赃、赏起掳、赏眼线。
> 医恤之法，其目四：曰恤毙命、理受伤、恤废疾、恤焚毁。

---

① 《（咸丰）顺德县志》卷21，列传，文传，广东省地方史志办公室辑：《广东历代方志集成·广州府部》第17册，岭南美术出版社2007年版，第498页。
② 《拟照旧雇募守沙议》，[清] 龙廷槐：《敬学轩文集》卷12，国家清史编纂委员会：《清代诗文集汇编》第452册，上海古籍出版社2010年版，第524页。
③ 《（民国）顺德县志》卷3，建置略，团局公约，《中国方志丛书·第4号》，台北成文出版社1966年版，第43页。
④ 《拟照旧雇募守沙议》，[清] 龙廷槐：《敬学轩文集》卷12，国家清史编纂委员会：《清代诗文集汇编》第452册，上海古籍出版社2010年版，第523页。

惩罚之法，其目三：曰惩坐视、惩故纵、惩包庇。

联保之法，其目二：曰保良民、保防械。

拨款之法，其目二：曰协款、抽各乡税亩私款，责匪乡花红。

纲举目张，各堡切实奉行，地方赖安。陈邑候申辅善之，拟颁各区仿效焉。①

江尾五堡联防公约订立的团练章程内容共有八大项目，从其大纲条目的分类看，其职责不至于稽查捕盗一项，包括了赏恤、保民、筹款等众多其他社会管理功能。而且江尾五堡联防公约还拥有一定的征税权限，其经费经由圩市商税、田亩赋税等强制性摊派手段进行征集，以及通过对殷绅富户的劝捐和乡族蒸尝进行筹集。江尾五堡联防公约早在咸丰五年（1855）由堡绅欧阳炳、欧阳信、胡廷镛等创立。光绪十年（1884）中法战争期间，广东防务紧张，江尾五堡联防公约再次成立。光绪三十二年（1906）贼氛益炽，堡绅欧阳蕱订立团练章程，联防互保。

由上可见，公约组织已然是由士绅阶层主导深入地方社会基层的管理组织，从嘉庆到光绪，经过长时间的发展，清末顺德公约组织已然遍布全县，且已非嘉庆时期专责捕匪的军事管理组织，而此时广东的团练组织，不仅保留了乡兵组织形式时期的军事武装功能，还兼具负责社会治安、受理地方词讼、筹款征税等多项社会管理职能，俨然是一个兼具多种职能的综合性地方权力管理机构。②

清代广东团练实现了从乡兵组织向具有军事武装的社会管理机构的形式转变，其职能由原来单一的军事功能拓展为兼具军事武装、社会管理的双重功能。这样的转变是前代团练所不具备的，是团练发展史上的新形态、新特征。

---

① 《（民国）顺德县志》卷3，建置，团局公约，《中国方志丛书·第4号》，成文出版社1966年版，第46页。

② 类似的观点有：张研在其《清代中后期中国基层社会组织的纵横依赖与相互联系》（《清史研究》2000年第2期，第80页）一文中提出"清中期以后，官方建立的基层行政组织以保甲为主，向综合性职能发展——既负责治安防卫，又督催钱粮赋役，还参与地方司法，负责乡约月讲，办理赈济事宜"。

第三节　团练发展走向

清代广东团练从民间乡兵组织到社会管理机构呈现的是一种"地方行政化"的发展趋向,但并非所有清代团练组织都呈现出这样一种演变过程。例如湖南、安徽、江西等其他省份的部分团练则呈现"地方军事化"的发展走向。咸丰、同治时期起于湖南的湘军,其最初状态是由湘乡县团练发展而来。① 孔飞力亦以咸丰、同治时期湖南的军事化过程为例,指出了地方军事化大致有三个发展等级:第一等级是(湖南)团练、第二等级是(湘)勇、第三等级是地方军(湘军)。而这三个等级的关系是:地方团练通过各自联合组成扩大团,建立团练局;"勇"是通过团练局雇佣而来;地方军则是由练勇合并而训练成的。② 从湘乡县团练到湘勇,再到湘军,呈现出湖南团练军事化的发展趋向。太平天国运动时期,为了应对太平军的进犯,安徽地区的李鸿章在庐州团练的基础上创建淮军,江西地区的刘于浔在联合南昌县中洲局及附近地区团练基础上创建江军。③ 因此,不仅是湖南地区的团练

---

① 湘军起源于湘乡县团练,成为学界共识。[清]王闿运:《清末民初文献丛刊:湘军志》,朝华出版社2018年版。汪林茂:《论湘军与团练的关系》,《杭州大学学报》1986年第2期。杨奕青:《咸丰初年的湘乡县团练及其对湘军崛起的影响》,《求索》1987年第1期;郑大华:《太平天国时期的湖南团练》,《湖南师范大学社会科学学报》,1986年第4期。郑大华:《试论湘军崛起于湖南的社会原因》,《学术论坛》1988年第4期。王继平:《论湘军兴起的社会土壤》,《史学月刊》1992年第3期。刘铁铭:《湘军与湘乡》,岳麓书社2006年版,第59-61页。刘铁铭:《湘军发祥的社会土壤》,《广西社会科学》2006年第1期。

② [美]孔飞力:《中华帝国晚期的叛乱及其敌人:1796—1864年的军事化与社会结构》,谢亮生等译,中国社会科学出版社1990年版,第171-172页。

③ 淮军起源于庐州及周围地区的团练,成为学界的共识,并在一系列关于淮军发展史的论著中皆沿用该种说法。朱来常:《淮军始末》,黄山书社1984年版,第25页。董蔡时:《试论李鸿章创建淮军及其初步发展》,《安徽史学》1986年第1期,第52页。翁飞:《试论淮军的创建》,《安徽史学》1988年第1期,第39-41页。[美]孔飞力著:《中华帝国晚期的叛乱及其敌人——1796—1864年的军事化与社会结构》,谢亮生译,中国社会科学出版社1990年版,第143-166页。应宗华:《镇压太平天国运动的地方武装——南昌士绅刘于浔及其江军研究》,南昌大学硕士论文,2007年。李平亮:《晚清地方军事化与基层社会的重组——以南昌地区为中心的考察》,《中国社会经济史研究》2004年第3期。

组织走向军事化的发展道路，其他省区如安徽、江西等亦发展出淮军、江军等用于跨省区作战的地方军队。

当然，团练组织地方行政化并非广东地区所独有，例如清代四川团练亦呈现地方行政化的特点。咸丰九年（1859），清廷任命在籍前任詹事府右春坊右赞善李惺为四川督办团练大臣。① 但仅3个月后，清廷随即免去李惺督办团练大臣的职务，改令四川总督藩、臬两司督办全省团练。正因为四川全省团练大权紧紧掌握在官府手中，因此该省的士绅权势并未得到肆无忌惮的扩张，也未形成类似湘军、淮军这样的地方武装军队。清代四川团练直接受制于官府，其官办性质更为浓厚，地方行政化特点更为突出。全国各地团练组织的地方行政化在清末表现得更为明显。例如四川团练在太平天国运动之后非但没有裁撤，相反还进一步与保甲制度相结合。光绪十二年（1886），四川省制定了"办理团保简明条约册"，规定"各州县平日办理保甲以清窃劫之源，有事则联络声气，远近相应，即为团练，名曰团保"。② 又如光绪年间，云南省团练与保甲结合，分派壮丁，轮调训练，由团绅主其事。光绪二十五年（1899），云贵总督崧蕃酌订章程十二条，请由省设立团营，又由省防团保总局议拟八条，自后各团营渐次扩充。③ 又如光绪二十四年（1898），两广总督谭钟麟督办全省团练，并提出了"寓团练于保甲"。最后，"清末新政"的推行，广东部分团练组织被改换成巡警局。而其他不受官府约束的团练组织则得以保留，并秉承自办原则，成为不受官府控制的地方武装集团。

清代团练由民间乡兵组织发展而来，并与清代保甲制度相结合。清代团练既系出于保甲，亦是保甲制的进一步武力化。此后为了应对太平军的进犯，部分省份的团练进一步军事化，进而形成勇营，甚至发展成如湘军、淮军一类的地方武装军队。到了光绪年间，团练组织与保甲紧密结合，发展成负责地方治安的团保局。或是在清末新政时期，部分团练组织被改造成巡警

---

① 四川省地方志编纂委员会编纂：《四川省志·军事志》，四川人民出版社1999年版，第486页。

② 《重庆府札发办理团保简明条约并饬巴县遵照办理卷》（光绪十二年十二月初九日），四川省档案馆藏，巴县档案，清6/31/00904。

③ 《乡团事宜》，方国瑜：《云南史料目录概说》第二册，中华书局1984年版，第740页。

局，而其他不受官府约束的团练则得以保留。由此，我们大致可以勾勒出清代团练的发展轨迹（见图 1-1）。

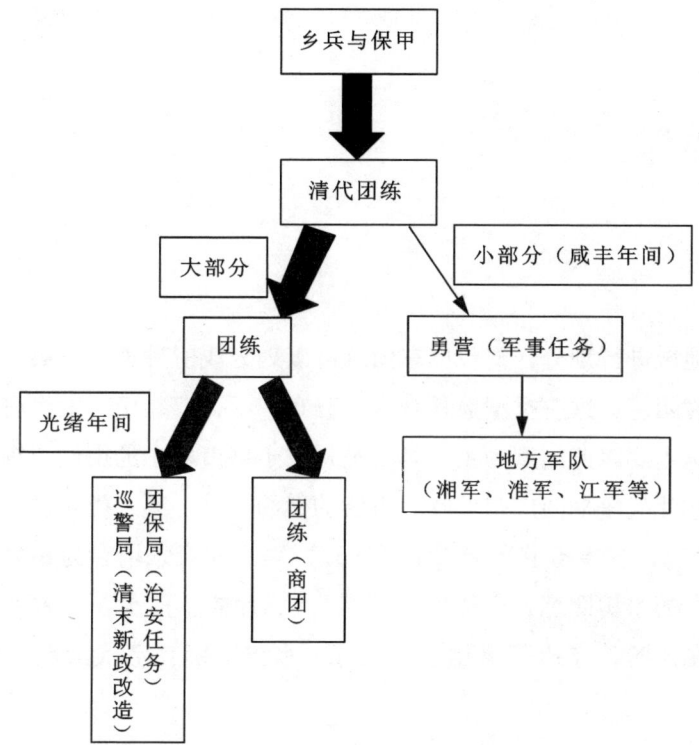

图 1-1 清代团练组织发展轨迹①

---

① 该图是在郑亦芳论文中"团练演化过程图"的基础上进一步补充与完善而成。（郑亦芳：《清代团练的组织与功能——湖南、两江、两广地区之比较研究》，《台湾师大历史学报》1977 年第 5 期，第 322 页。）

第二章
组织类型

按照地域进行划分，清代广东团练可以划分成三种类型，第一类是位于乡村的乡村团练，这一类型数量众多，分布广泛，存在于广大乡村地区，清代广东团练主要以此类型为主。第二类是位于城市之中的街约团练，主要指的是两次鸦片战争期间广州城临时组建的街约团练。第三类是位于沿海地区的"水团练"，主要指道光十二年（1832）廉州知府张堉春为剿灭海盗杨就富临时设立的水勇团练，亦称"水团练"。鸦片战争前夕，钦差大臣林则徐为加强广东海防，亦招募组建水勇团练。水勇团练在清代沿海地区较为常见。

第一节　乡村团练

乡村团练，简称"乡团"，向来所指的是"团练"。在一些史料记载和大臣奏章中，"乡团"与"团练"二词基本可以等同互用①。为何"团练"在概念上可以与"乡团"混用呢？原因在于大多数团练与广大的中国乡村有着密不可分的联系。乡团以乡村为团练单位，由乡绅组成领导核心，招募当地村民为团勇，与乡村宗族产生密切联系，因此数量众多的乡团一定程度

---

① 赵尔巽：《清史稿》第14册，卷133，兵志，乡兵，中华书局1977年版，第3951－3957页。

上成为团练的一般形制的代表。当然,例如街约团练、"水团练"这样有别于乡团的其他团练形制的团练,则需要另当别论了。

  关于乡团的形制问题,这里以道光鸦片战争期间的广东升平社学为例分析团练与乡村之间的联系。首先,团练的领导机构设立在乡村的社学中。升平社学是鸦片战争期间番禺、南海两县80余个乡村联合共建的大型团练组织,因团练机构设在升平社学,故称其为"升平社学"。社学设立于乡村地区,最初社学的职能是乡村地区"学人课艺""绅耆讲睦"之所①。后来社学职能逐渐发生转变,由原来的"兴学育才"变成乡村绅耆组织乡勇、建立团练的领导机构。其次,团练是由乡绅耆老领导组建形成的。"南海、番禺之绅士耆老,传递义民公檄。议令富者助饷,贫者出力,举行团练。"②当时领导升平社学的有李芳、何有书、梁源昌等乡绅。在战争发生之时士绅主持并指挥着地方团练投入战斗,并由士绅向当地官府汇报斗争情况。③ 再次,团勇是以按户抽丁的形式由当地村民组成的。而且护理两广总督兼任广东巡抚程矞采在上呈道光皇帝的奏折中提到升平社学"其壮勇亦皆土著百姓"。④ 最后,团练的建立还与乡村宗族有着密切的联系。乡村宗族与团练的联系不仅体现在宗族乡绅成为团练的高级管理阶层,为团练提供充足的人力资源上,而且宗族对其乡人、族人具有较强的约束力,从而保证了由村民担任的乡勇对团练组织的忠诚。例如,道光广东抗英斗争中,九图社学对不应召回乡参加对英战斗、保卫桑梓的在外乡民,采取烧毁家产的方式进行惩罚。⑤ 升平社学是广东乡团的典型代表。

---

  ① 《(同治)番禺县志》卷16,建置略,广东省地方史志办公室辑:《广东历代方志集成·广州府部》第20册,岭南美术出版社2007年版,第188页。
  ② [清]夏燮著:《中西纪事》,高鸿志点校,岳麓书社1988年版,第166页。
  ③ 《升平社学防守城北条例》,广东省文史研究馆编:《三元里人民抗英斗争史料》,中华书局1978年版,第277页。
  ④ 《吏部奏遵议广东捐建升平社学出力绅士议叙由》(道光二十四年七月初五日),中国史学会主编:《中国近代史资料丛刊·鸦片战争》第四册,上海书店出版社2000年版,第202页。
  ⑤ 《九图社学公启》,[日]佐佐木正哉编:《鸦片战争后的中英抗争(资料篇)》,近代中国研究委员会1964年版,第311页。

第二节　城市团练

　　清代广东的城市团练主要指的是中心城市，即省城、县城这一类城市设立的街约团练，其中以广州城的街约团练最具代表性，其他州县如顺德、佛山等县也有该类型团练。广州城内约有600多个街区，每条街巷的称呼各不相同，有"街""坊""铺""约"等称呼。① 城市内部街区的形制较为规整，其数量从十数户到数百户不等。官府对城市街区的管理如同乡村的管理一样通过设立保甲进行。每逢动乱时，官府更是加强对城市街区的管理，核实人口，清查嫌疑人员。事实上，为了便于街坊管理的进行，各铺户间往往会联合成立官府默许的一定数量的自治组织。每个街区都有设置一定数额的铺兵，作为城市街坊治安的一支重要武装力量。"自省城至各府州县皆有额设铺兵，每月支工食银五钱，闰月照给，番禺额设铺兵七十七名。"② 由官府倡导建立的城市团练就是建立在此街坊自治组织的基础之上的。

　　为了应对大型的动乱，清代广东地区曾组建过以下几次街约团练。第一次是道光二十九年（1849）鸦片战争期间，广州城居民为抵制英军入城，粤秀书院院长何文绮、监院顺德教授罗家政、南海训导谭莹等广州城士绅以粤秀书院为领导机构，组建由广州城居民、铺户组成的街约团练。第二次是咸丰四年（1854）洪兵起义军围困广州城时，总督叶名琛号召城内居民组建街约团练。为此总督叶名琛还在四大城区各组织一个监督委员会，轮流掌管全城的街约团练。第三次是中法战争期间，广东当局要求省城士绅办理团练，广州城厢内外的各街坊组成街团，负责本地段的治安保卫工作。③ 清末

---

　　① 曾昭璇：《广州历史地理》，广东人民出版社1991年版，第360、383页。
　　② 《（同治）番禺县志》卷18，建置略，广东省地方史志办公室辑：《广东历代方志集成·广州府部》第20册，岭南美术出版社2007年版，第211页。
　　③ 《条陈批辞》，《述报》，1884年10月29日，吴相湘主编：《中国史学丛刊·述报》，台湾学生书局1965年版，第112页。《防盗说》，《述报》，1884年10月31日，吴相湘主编：《中国史学丛刊·述报》，台湾学生书局1965年版，第131页。

广东省城官府为了治理盗匪问题屡次要求城内街巷铺户组建团练。①

> 迩日粤省崇正关善堂绅董，会同各关善堂劝办省城铺团，凡铺内有伙六七人者，认出团丁一名，十人以外者认出团丁二名，备款自置枪械，并延聘教习数人，每月定期教以军法，无事不须饷费，有事则足以自卫身家，俟议定后即行举办矣。②

除了广州城，其他州县也在县城中组建街约团练应对动乱。例如咸丰洪兵起义期间，洪兵起义军分股围攻韶州府英德县城。时任韶州知府吴驰会同绅士许炳章、张邦俊、许炳华、邓抡英、邱陪瑛、李文昭、朱克谐等设五街团练局，联络民团，造街栅百余度，以勇守之。③ 同时知府吴驰采取"坚壁清野"的策略，传谕城外商民，所有谷米油豆各货，及两河船货，尽运入城。同一时期肇庆府阳江县知县春霖为应对洪兵匪乱，在县城文昌宫设立筹防局，并捐募练勇千名。同时城外十二街商众亦奉谕团防，设太傅祠。④ 同一时期面对洪匪苏程袭据四会县城的情况，知县牟考祥利用城中各铺户组成的街约团练，率领乡勇里应外合收复县城。⑤ 此外洪兵起义期间佛山团防局也属于典型的街约团练，顺德团练总局管辖下的羊额水口铺局、西社铺局、南华铺局等皆属于街约团练。⑥

清末广东商人群体发展壮大，由于社会动乱进一步加剧，因此居于城市的商人群体联合组建自己的自卫武装团体，即粤省商团（广州商团）。广州商团缘于清末的城市团防，但其组织形式与街约团练略有不同，它是由商人群体及其所在的商会发起组建，可以跨街区形成行业联合，是以行业为组织

---

① 《粤东杂录》，《申报》，1885 年 11 月 13 日；《广州近事》，《申报》，1889 年 10 月 21 日。
② 《羊石留题》，《申报》，1904 年 12 月 14 日。
③ 《（同治）韶州府志》卷 24，武备略，兵事，《韶州府守城纪略》，页四十六至四十九，《中国方志丛书·第 2 号》，成文出版社 1966 年版，第 486－488 页。
④ 《（民国）阳江县志》卷 20，兵防志，《中国地方志集成·广东府县志辑》第 40 册，上海书店出版社 2003 年版，第 377 页。
⑤ 《（光绪）四会县志》，杂事志，前事，《中国方志丛书·第 58 号》，成文出版社 1974 年版，第 522－523 页。
⑥ 《（民国）顺德县志》卷 3，建置，《中国方志丛书·第 4 号》，成文出版社 1966 年版，第 44 页。

单位组建的武装团体。清末以来，省城广州的治安一直不好，尤其是商人店铺集中的西关一带，更是盗匪经常光顾的地方。所在地的商人群体为保护自身生命财产安全，一直保持着较高的办团自卫热情。期间出现的"铺团""商团"等组织只不过是武力自卫的传统在城镇商人自卫中的实践。1909年粤商自治会向广东咨议局会议提交的《奖励商团民团议案》中明确说，设立商团公所的目的是"寓团练于商家"，由商家自行组织团练，发挥"守望相助"的功能，共同防范盗匪。① 直到宣统三年十一月十日（1911年12月29日），广东商团才正式宣告成立②。

第三节 "水团练"

乡村团练与城市团练募集的都是陆勇，清代广东团练还存在一种水勇团练，以沿海疍户渔民为征集对象，亦称"水团练"。其典型的代表就是道光十二年（1832）廉州府合浦县"水团练"协助知府张堉春剿灭海盗杨就富事件，还有就是鸦片战争前夕，钦差大臣林则徐在广东禁烟时也曾组织水勇团练以加强广东海防。

嘉庆十五年（1810），大规模的广东海盗被平息，但小规模的海盗活动仍未停止。道光十二年（1832），越南国九头山盗起，越南奸民阮保，伪名陈加海，啸聚作乱，有内地人杨就富、林致云等往年适逢漂泊外洋，流落越南为盗。同年秋天，安南人陈加海与新安人杨就富倡为盗，这伙盗匪据九头山、青蓝山等处为巢穴，出动船艇肆出行劫广东沿海地区。陈加海（阮保）因熟知海道，被推为首领，以林致云为主谋，设立总头目、头目、分支头目

---

① 《奖励商团民团议案》，《广东咨议局第一次会议报告书》，广东省立中山图书馆、中山大学图书馆编：《清代稿钞本》第49册，广东人民出版社2007年版，第168页。
② 《商团举行成立一周年纪念》，《民生报》1912年12月30日。

各数十人。①

两广总督卢坤了解情况之后，檄令廉州知府张堉春、钦州知州朱椿年、阳江游击林凤仪、龙门协都司佘清并知照安南国王协助剿捕。廉州知府张堉春率领委员出猫尾港等处对海盗踞居巢穴的地形进行侦查，得知陈加海、杨就富、林致云等海盗的巢穴靠近广东内洋，情形叵测。于是廉州知府张堉春命令副将高宜勇和都司佘清驻扎西蚬沙、小白龙一带进行防守，同时檄令合浦学训导叶轩府、经历厅侯昕等在沿海村落办团。②

广东廉州府在嘉庆年间海盗乌石二作乱之时就设立了"水团练"。嘉庆年间海盗乌石二侵入廉州境内，但被村民所阻，不得入。所以乌石二等海盗先引诱渔船入伙，进而愈聚愈多，至于千余艘，然后利用这些渔船据涠洲四处剽掠，为患十余年之久，造成海疆不靖，沿海居民人心惶惶。这些被海盗诱惑的疍民本就在失业疑惧之时，如果海盗乘机起事，必至蔓延，难图海洋，所以当时廉州地方官府提出办理"水团练"作为治理海盗的措施。嘉庆年间廉州设立的"水团练"在形式上与之前乾隆年间两广总督杨应琚制定编立船甲（澳甲）条例极为相似，都是需要将沿海渔船联络成帮，编号管理。③

> 总督杨应琚禁约：一、严保甲澳长，凡大中小商渔船，并令各该县照烟户式，或编排十船为一甲，一甲互相为保，彼此联络。一船有犯，一甲无人举首，即干练坐。每船百号为十甲，设立澳长一名，责令稽查匪类及一切事宜。④

但是从杨应琚编定船甲条例可知编定船甲的目的在于互为监察，稽查潜

---

① 《（民国）合浦县志》卷6，广东省地方史志办公室编著：《广东历代方志集成·廉州府部》第6册，岭南美术出版社2009年版，第557页。《（道光）廉州府志》，卷21，广东省地方史志办公室编者：《广东历代方志集成·廉州府部》第3册，岭南美术出版社2009年版，第533页。

② 《（道光）钦州志》卷10，纪事，广东省地方史志办公室编著：《广东历代方志集成·廉州府部》第5册，岭南美术出版社2009年版，第194—195页。

③ 船甲或澳甲是明清统治者对渔船采取的一种户籍管理制度，不仅羊额将渔民进行编籍，而且对渔船也进行编号，使得渔民、疍民的居住、生产等活动都纳入官府的严密管控之中。

④ ［清］卢坤、邓廷桢编：《广东海防汇览》，王宏斌等校点，河北人民出版社2009年版，第860—861页。

藏其中的匪类。而嘉庆年间设立的"水团练"则在于联合沿海民间武装力量为官府所用，使其不为海盗所利用。所以，"水团练"与船甲设立之目的截然不同。

廉州府设立的"水团练"在缉捕海盗的实际作战中发挥出应有的作用。道光十二年闰九月（1832年11月），合浦县知县翁忠瀚利用"水团练"在涠洲外洋成功缉捕多名海盗。① 同年冬十月官府在"水团练"的帮助下成功在白龙尾外洋诱捕杨就富。十二月，在渔涌港成功擒获阮保（陈加海）。当时，为了断绝盗粮，切断海盗的供给，官府组织乡民行坚壁清野法。道光十三年（1833），官兵联合地方团练对陈加海等海盗巢穴进行围剿并获得最终的胜利，夏五月海寇平。

鸦片战争前夕，林则徐为了防范英军的骚扰，保证禁烟运动的顺利进行，曾雇募沿海渔疍各户，组成水勇团练，教以驾驶火船和点炮火炮之法。林则徐在广东主持禁烟中，一直关注民心向背和民力的动员。他因"群情颇为警动"而大受鼓舞，相信对英国侵略者"衔仇刺骨"的粤民可用。② 临战时，每船领以一二兵弁，余皆雇佣民人为水勇，还令地方官动员渔民自造木筏，出海偷袭，焚烧英船，并公布了有关捕获敌舰和杀、俘敌军的奖赏办法。③

鸦片战争期间，沿海地区不止广东一省办理水勇团练，其他如福建、浙江、江苏、山东、奉天等省份也饬令组建团练抵御英夷进犯。清代中国沿海地区组建团练不仅是为了打击英夷，也是为了断绝英夷的接济。④ 可见，水勇团练在捍御海疆安全中发挥了重要作用。

---

① 《（民国）合浦县志》卷6，广东省地方史志办公室编著：《广东历代方志集成·廉州府部》第6册，岭南美术出版社2007年版，第557页。《（道光）廉州府志》，卷21，事纪，国朝，广东省地方史志办公室编著：《广东历代方志集成·廉州府部》第3册，岭南美术出版社2007年版，第533页。

② 《林则徐等又奏英人非不可制请严谕查禁鸦片》，[清]文庆等纂：《筹办夷务始末（道光朝）》第1册，中华书局1964年版，第219页。

③ 《悬赏缉拿英夷和船只》，广东省文史研究馆译：《鸦片战争史料选译》，中华书局1983年版，第215页。《谕香山县加强戒备及奖励民众歼敌》，陈锡祺：《林则徐奏稿·公牍·日记补编》，中山大学出版社1985年版，第90页。

④ 《曾望颜奏请封关禁海以清鸦片弊源折》，[清]文庆等纂：《筹办夷务始末（道光朝）》第1册，中华书局1964年版，第250-251页。

第三章
组织规模与建置形式

清代广东组织形制应包括组织类型、组织规模、建置形式、办理模式等部分。组织类型分别有乡村团练、城市团练和"水团练"。组织规模则有"小团""大团"和"扩大团"。建置形式既有标准型也有简化型。办理模式有"官督绅办",还有官办与绅办。

第一节 组织规模

一、小团

团练的组织规模有大有小,按照从小到大排列有"小团""大团"和"扩大团"三种等级。① "小团"的规模最小,多由单一村庄组建而成,是团练的基本单位。② 就清代广东团练而言,其基本单位是单一乡村设立的公

---

① "小团、大团、扩大团"的说法是由郑亦芳在其《清代团练的组织与功能——湖南、两江、两广地区之比较研究》一文中提出的(《台湾师大历史学报》1977年第5期,第304页)。[美]孔飞力在其《中华帝国晚期的叛乱及其敌人——1796—1864年的军事化与社会结构》(北京:中国社会科学出版社1990年版,第67-72页)一书的第三章内容中将团练组织规模概括为"单一团、复合团、扩大的复合团"三种类型,在命名上虽与郑亦芳不同,其意思一样。

② "地区与地区之间组合方式有很大的不同,依人口密度、交通情况、亲属关系类型而定,但单一的团的基本形式一般应当理解为限于单个的村庄""扩大的复合体一级的组织成为'大团',其下的复合单位称为'小团'。但是'小团'的指挥者仍然保持'团总'的老头衔。单一的团——数百个设围村庄的防御部队——的名称没有记载"。([美]孔飞力著:《中华帝国晚期的叛乱及其敌人——1796—1864年的军事化与社会结构》,谢亮生译,中国社会科学出版社1990年版,第69、77页。)

约或城市某一街坊（铺）设立的某局。至于每一"小团"人数规模则取决于其所在乡村或社区规模的大小，以顺德县为例，表3-1所示是顺德团练总局所辖各分局团勇人数的不完全统计。

表3-1　顺德团练总局下辖各团练分局团勇人数的不完全统计①

分局	团勇人数
大良公局	南关公约60名，东关公约与北关公约各40名，城内公约局勇8名，总人数为148名
羊额六乡均安局（伦教公约）	团勇伦教62名，羊额44名，仕版20名，北海16名，黎村34名，熹涌10名，共186名
霞石公约	团勇15名
绀村公约	团勇40名
勒流公约	初设水勇30名，光绪末年改水勇为陆勇，额设40名
大晚公约	勇额20名，各坊另设更练共36名
黄连公约	团勇30名
黄麻涌公约	团勇20名
龙眼公约	团勇30名
稔海公约	团勇16名
谭义公约	分东西两约，团勇由子弟充当（阮姓9名，刘姓10名），共19名
上涌公约	团勇20名
塘利公约	分南北两约，团勇以各姓子弟充当（南约7名，北约6名），共13名
江村公约	分南北两约，团勇以各姓子弟充当（南约12名，北约12名），共24名
众涌公约	团勇20名
冲鹤公约	团勇30名
番村公约	团勇8名
石龙冈公约	分东西两约，团勇各5名，共10名
龙江公约	团勇100名
龙山公约	乡勇原为36名，光绪中改为40名
马齐公约	约勇常备40名，预备200名
昌教公约	团勇常备40名，预备100名
江尾五堡联防公约	各乡选丁壮大乡50、60人，次30、40人，又次10、20人

---

① 《（民国）顺德县志》卷3，建置，"团局公约"，《中国方志丛书·第4号》，成文出版社1966年版，第44-47页。

根据以上的数据统计,"小团"的人数规模在十数人到数十人之间。由多个"小团"组成的"大团",例如大良公局或羊额六乡均安局,其人数规模达到上百人。"小团"的人数规模已经存在如此的差异,何况是由"小团"组合而成的"大团"和"扩大团",对其人数规模很难做出准确的判断。这是由于中国村庄在大小和密度上显示出很大的不同,不仅在不同地域之间存在巨大的差异,即使是同一区域之内的乡村也会存在许多的不同。这些不同由支配乡村生活运行的社会环境和经济因素而定,还与耕地面积、地方宗族组织、交通运输等因素息息相关。

二、大团

大团的规模是由十数个或数十个乡村组建而成的,由于是由许多小团集合而成的,所以亦称为"复合团"。团练素来以"守望相助"为原则,以一村之力时常难以应付大股盗匪,相邻的乡村有联防联守的需要,因此才产生数村乃至数十村联团的情况。① 王应孚在《团练论》中也指出了数村联团的必要性。

> 夫人少则不足应敌,人多则苦于供亿,唯结之以团,则小敌至,以一团抵之,而众团自有掎角之势,大敌至,以众团辅之,而一团无支应之烦……惟固以团,则大团之兵力,庇及小团,而庇人即自庇也,小团之轻重,附于大团,而财附即身附,岂复生二心。②

小团各地均普遍存在,大团可以广东南海县佛山镇为例。"咸丰甲寅红巾起佛山,翔与社内各乡绅议防守,倡为团练之说……由是合十乡绅士为一

---

① 团练自古代乡兵发展而来,素有"守望相助"的功能,关于这一点牛贯杰在《从"守望相助"到"吏治应以团练为先"——由团练组织的发展演变看国家政权与基层社会的互动关系》(《中国农史》2004 年第 1 期)一文中有过相关叙述。
② [清] 王应孚《团练论》,[清] 盛康辑:《皇朝经世文续编》卷 81,沈云龙主编:《近代中国史料丛刊》第 85 辑,文海出版社 1966 年版,第 2276 – 2277 页。

小团，再合五十三乡绅士为一大团，力遏北路官窑之贼。"①

组建团练的士绅为了便于对团练实施管理，采取一系列措施，如加强士绅之间的联络、讨论团练事宜、筹措经费和训练团勇等，由此在县城设立了团练总局，成为"大团"的领导机构，县团练总局下辖各区的团练分局（或称团练公局、团练局、公所等）。②

同治十三年（1874），潮州筹办海防，广东水师提督方耀在沿海督办团练时，拟设团练公局六处。方耀对当时乡村团练的设置及其抽丁做出如下规定：

> 总理公局者称局绅。乡设团，按各乡壮丁总数10%组成，每100人为1小团，500人为一大团。小村人丁不足则归附大乡。无事则要耕作，有事共卫乡间。澄海团丁计有13145人，最先成立的有县内之汕头、鸥汀、外砂、蓬洲4处。汕头500名，均由各行铺雇工凑成各团。③

三、扩大团

"扩大团"是一种大型的团练组织联盟，鸦片战争期间的升平社学和第二次鸦片战争期间成立的广东团练总局就是其中的典型代表。"扩大团"的办团规模超越一个县区的范围，是跨越州县的团练联合。升平社学统辖番禺、南海两县13社92乡的团练，拥有团勇约8万余人。④ 其中升平社学统

---

① 《（同治）南海县志》卷19，列传，广东省地方史志办公室编著：《广东历代方志集成·广州府部》第11册，岭南美术出版社2007年版，第680页。
② [清]王鑫：《剿匪竹坑兴宁连次获胜并上弭乱四策恳准添勇湘勇赴援江西禀》（咸丰三年八月），《王壮武公遗集》卷1，禀牍，沈云龙主编：《近代中国史料丛刊》第25辑，文海出版社1966年版，第197-198页。
③ 方梓乔：《方耀年谱》，汕头大学出版社2019年版，第157页。
④ 升平社学共有多少团勇，史料没有明确记载。根据"以百人为一甲，八甲为一总，八总为一社，八社为一大总"的团练组建原则，一个社学团练有100×8×8=6400名团勇，升平社学有13各社学团练，则有13×6400=83200名团勇。

辖的石井社学，就拥有13个乡村的"小团"。① 第二次鸦片战争期间成立的广东团练总局的团练规模比升平社学更大，它将番禺、南海、东莞、顺德、花县、香山等广府14个州县的团练纳入其麾下，除此之外还控制着一些地区的练勇，例如香山县士绅林福盛的练勇（有些文献简称"香勇"）、东莞县孝廉何仁山领导的练勇（"东莞勇"）、新安县主事陈桂籍领导的团练（"新勇"）、千总邓安邦率领的"邓勇"，以及花县等地的练勇。广东团练总局拥有团勇的具体人数不可胜计，创办初期已有4万~5万团勇外加1万余人的练勇。②

"扩大团"在形式上似乎只是"大团"的扩大版，但它所起到的作用和影响是"大团"无法相比的。最为明显的就是"扩大团"能够从更广的范围内调用更多的人力、物力、资金等资源，从而能够在更高的军事化水平上去征集和维持一支强大的武装力量。同时，由于这样一支强大的武装力量产生于民间，所以必然会引起官方的时刻注意和强力干涉，因此"扩大团"维持的时间并不长久，在动乱之后，官方便会下令停止相关的团练活动并勒令裁撤。

另外，"扩大团"维持时间之所以短暂，亦可以从自身的发展条件进行解释。从"扩大团"本身的建置来讲，要维持"扩大团"这样大规模的团练机构的正常运行，其条件也是十分苛刻的。正如孔飞力所讲的，"一个扩大的复合联盟（扩大团）在地域上不能太大，以致使它的领导与它的组成部分保持接触过于困难。同时它的规模也不能太小，以致使它不能集中有效数量的钱财和人力"③。基于人力、物力与财力的限制，应大动乱而起的"扩大团"，其维持时间不能且不会长久。

---

① 《（同治）番禺县志》卷16，建置略，广东省地方史志办公室编著：《广东历代方志集成·广州府部》第20册，岭南美术出版社2007年版，第187页。

② "议事定后，各县绅衿各带乡勇，或数千或数百。分别旗帜，申明号令，约集四五万人，驻扎城西北离城二三十里之乡村，振作军威，且按兵勿战，先令通事入城，与议退城条约。如战则用东莞勇、新安勇、潮勇、林勇，共一万人进击，并伏死士于城内，约内外夹攻。"（[清] 华廷杰：《触藩始末》，齐思和、林树惠、田汝康等主编：《第二次鸦片战争》第1册，上海人民出版社1978年版，第187－188页。）

③ [美] 孔飞力：《中华帝国晚期的叛乱及其敌人——1796—1864年的军事化与社会结构》，谢亮生译，中国社会科学出版社1990年版，第78页。

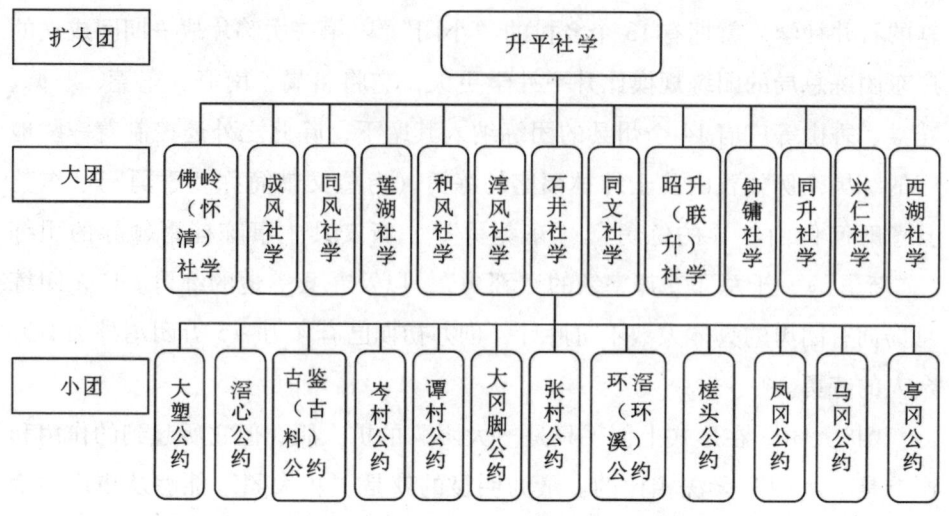

图 3-1 升平社学团练组织规模的等级结构图

第二节 建置形式

一、标准型

在清代广东团练组织的建置形式中，除了嘉庆时期团练建置尚未完善，一般一个县级的行政区划会设立一个团练总局，作为统领全县团练的领导机构。至于团练总局之下是否设置有分局，则视该县的实际情况而定。如果该县管辖的地域较小，则会省略分局的设置，由团练总局直接统辖众多"小团"，即简化型。一般情况下，团练总局之下设置多个分局管辖众多"小团"的情况较为普遍。该种普遍团练组织的建置形式，我们称之为"标准型"。① 为此，我们可以勾勒出一个县级团练组织建置形式的标准形态。

图 3-2 是县级团练组织标准类型的建置形式，从图中可以明确得知该

---

① "标准型"与"简化型"等几种团练建置是由贺跃夫先生提出的，详见其专著《晚清士绅与近代社会变迁——兼与日本士族比较》，广东人民出版社 1994 年版，第 30-40 页。

类型分为团练总局、分局、小团的三级建置形式。其中作为团练组织领导机构的团练总局一般设置在县城，统筹调配下辖团练组织的一切团练行动，并筹措、掌握该县团练的经费，与州县一级的官府产生密切联系，在团练活动中起领导作用。在次一级的市镇或行政中心，诸如都、堡一级行政区划，一般是分散在各乡的办团士绅集议办公之所，主要起到连接通县总局或州县官与乡村基层承上启下的沟通作用。下一级则是由单一村落组建的团练，即所谓的"小团"。

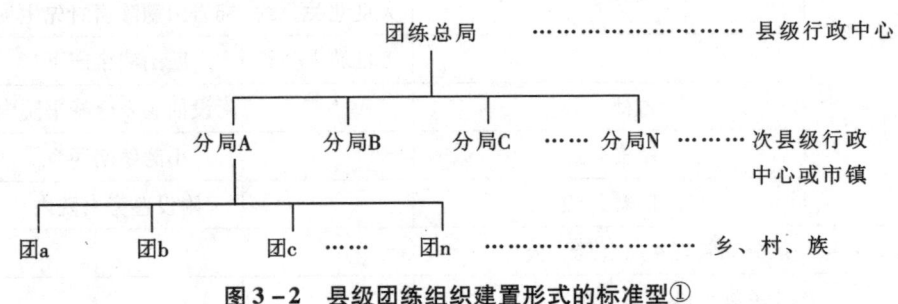

图3-2　县级团练组织建置形式的标准型①

以光绪年间顺德团防总局为例，光绪十年（1884），顺德团防总局成立，省宪委邑绅龙葆诚、罗彤缙两孝廉为顺德团防总办，颁发关防"顺德团防总局"。顺德团防总局暂借大良云麓公祠设局（次年改设在吕姓中隐园），并将顺德城乡划分成10区，各设分局进行管理。此次兴办顺德团练将顺德城乡划分10区，并分设团练分局。龙葆诚和罗彤缙为顺德团防总局的总办局绅，10个分局则由罗家劝、何序镛、区兆书、甘霖雨、岑芳兰、张常吉、冯卓英、陈松、欧阳兰、胡慧融10位会办局绅分别办理。会办局绅之下还设置有百长、什长等职位。②

此次应对中法战争团防区域的划分基本奠定了此后顺德县的行政区划，可见团练组织作为实际的社会管理组织已被官府所认可，并作了明确的界域划分。顺德县团练组织作为当地社会管理组织不仅在区域上进行了划分，而

---

① 贺跃夫：《晚清士绅与近代社会变迁——兼与日本士族比较》，广东人民出版社1994年版，第30页。

② ［清］龙葆诚：《凤城识小录》下卷，"顺德团防总局始末"，广东省立中山图书馆、佛山市顺德区清晖园博物馆：《顺德历代文献选篇影印文丛》第一辑，世界图书出版广东有限公司2020年版，第45页。

且以公约作为其子机构深入当地基层的社会管理当中。10区分局统辖着一些公约等乡村一级团练机构。

表3-2 顺德团防总局所属10区分局统辖的机构分布情况表①

分区	机构名称	分支机构	地点
第一区	大良公局		
		大良南关公约	城南丁字桥前
		大良东关公约	东门城根天后庙前
		大良北关公约	锦岩山麓陈岩野先生祠
		大良城内公约	西山武帝庙下
	古楼公约		附设仙洞乡金峰书院内
	靖安公约		小湾堡南涌乡
	旧寨公约		附设鉴旁书院内
小计：第一区分局管理4所公局、公约			
第二区	羊额水口铺局、西社铺局、南华铺局（后又增设东宁局）		
	伦教公约		
	羊额六乡均安局		附设伦教公约内
	乌洲公约		
	大洲五乡和济局		附设乌洲公约内
	仕版公约		
	大洲乡约	东西两约	
	鳌山公约		鸡洲乡
	霞石公约		
小计：第二区分局管理9所铺局、公约			
第三区	季华公约		陈村长塘街
	达德公约		碧江乡
	凤鸣公约		碧江乡

---

① 《（民国）顺德县志》卷3，建置，《中国方志丛书·第4号》，成文出版社1966年版，第44-47页。

（续表）

分区	机构名称	分支机构	地点
第三区	彭义公约		碧江乡
	南平公约		碧江乡
	林头公约	南北二公约	
	北滘公约	南北二公约	
	槎涌公约		
	黄涌公约		
	玕滘公约		
小计：第三区分局管理 10 所公约			
第四区	仙涌九乡公约		
	绀村五乡公约		
	西滘三乡公约		
	石石肯公约		
	石洲公约		
小计：第四区分局管理 5 所公约			
第五区	水藤公约		
	水藤五乡公约		
	平葛两堡联安局		
	大罗村公约		
	沙滘公约		
	新良十四乡联防公约		
	鹭洲公约		
	新隆公约		
小计：第五区分局管理 8 所公约			
第六区	勒楼公约		
	大晚公约		
	黄连公约		
	黄麻涌公约		
	龙眼公约		
	稔海公约		

（续表）

分区	机构名称	分支机构	地点
第六区	谭义公约	东西两约	
	上涌公约		
	塘利公约	南北两约	
	江村公约	南北两约	
	众涌公约		
	冲鹤公约		
	番村公约		
	石龙冈公约	东西两约	
	漕冈公约（即扶间）		
	裕涌公约		
	西华公约		
小计：第六区分局管理17所公约			
第七区	龙江公约		儒林书院（驻扎地址一在七街，一在南畔界）
	龙山公约		冈头埠
	龙山五埠联防局（大小陈涌、苏埠、沙洲、排涌）		
	甘竹堡公约	左右滩各设一局，里海分设东西南北四局	观澜书院
小计：第七区分局管理4所公约			
第八区	东马宁公约	南北两约	鳌峰书院
	逢简公约	南乡北乡二公约	
	马齐公约		敦和书院
	昌教公约	南北两约	
	吉祐公约		
	杏坛公约		
	同安局		麦村
小计：第八区分局管理7所公约			

(续表)

分区	机构名称	分支机构	地点
第九区	江尾五堡联防公约		上村乡鹤峰书院
第十区	容奇公约	乡内五约，即东西南北中各约	上街市
	马冈四社团保局	附设神步社学	
	桂州公约	分两约	里村
小计：第十区分局管理3所公约			
总计：包括分区下各分局、分约在内共有67所公约			

从表3-2可见，顺德县10个区的团防分局所管辖的公约组织有多有少，如第九区由江尾五堡联防公约独立的一个较大型公约组织构成，而第六区管辖的公约组织则多达17个。但必须说明的是，各区管辖公约数量并不固定，且各项公约也远不止于此，表3-2所列举出的各区公约"仅据采访册开载，余付阙如"。[①] 由此，清末顺德县团练形成了总局—分局—公约的三级标准的团练组织建置形态。

据史料记载，咸丰洪兵起义期间广州府增城县团练，亦符合三级标准类型建置形式的团练组织。

> 于是改六都团练局为合邑十二都团练总局，并分设各都分局，使之各自捍卫，亦互相应援。无论某都有警，俱由总局派绅勇驰赴该都，协同该都绅勇堵剿，倘力不足，再调邻都壮勇到助。其经费，除复行劝捐六万八千余两外，按各都田赋科派银九千余两。[②]

此外还有同时期成立的佛山团防局，其团练组织亦形成总局—分局—小团的三级建置的标准型组织形式。咸丰五年（1855）佛山镇设立的佛山团防局，总局设立在县城大魁堂，下辖16分局，各分局管辖数个铺不等，共

---

① 《（民国）顺德县志》卷3，建置，《中国方志丛书·第4号》，成文出版社1966年版，第47页。

② 《增城团练节略》（咸丰五年春），广东省文史研究馆、中山大学历史系编：《广东洪兵起义史料》上册，广东人民出版社1992年版，第220页。

有团勇 300 多号人。①

表 3-3 咸丰年间佛山团防局建置表

佛山团防总局	祖庙大魁堂		
分局名称	设置地点	分局名称	设置地点
绥字局	汾水铺	靖字局	大基头铺
安字局	福德铺	戢字局	社亭、岳庙、真明铺
联字局	富文铺	合字局	沙洛浦
守字局	观音堂铺	御字局	潘涌、鹤园涌
果字局	彩阳、仙涌、医灵涌	力字局	突岐、明心、耆老铺
稽字局	纪岗、石路头、黄伞、丰宁铺	巡字局	栅下、东头铺
永字局	祖庙、山紫铺	远字局	桥亭、照明、锦澜铺
平字局	鹰嘴沙	定字局	文昌沙

洪兵起义迅速席卷广东全省，同时期佛山士绅冼凤诏在佛山建立团防局。当时团防局的职能是协助佛山同知、巡检清剿洪兵起义军余党，同时加强佛山城市的安全防范。佛山团防局总局设立在大魁堂，下设 16 局分驻各地。佛山团防局及下属 16 分局都由士绅主持。团防局总局局绅为莫以枋、王福康、吴乃煌、常川等人。下属分局也是如此，如工部主事黎思劭等主持锦澜铺公局，邓龙骧主持潘涌铺公局，绅耆黎上进、黎裕成主持大基头铺公局。其他参与佛山团防局事务的士绅还有任本皋、罗熊光、霍湝等。②

广东其他地区在动乱时期也建立了许多类似顺德团防总局的，具有三级标准类型建置形式的团练组织，但在组织形式建构上皆不如顺德团防总局那样典型和具有代表性。

二、简化型

除了标准型之外，团练组织建置还有三种简化型，见图 3-3。

其中"简化型之二"省略了团练分局的建置，由团练总局直接统辖众多"小团"，在组织模式的建置上就是标准型的简化版，实质上与标准型无

---

① 《(民国)佛山忠义乡志》卷 3，建置，内政，《中国地方志集成·乡镇志专辑》第 30 册，上海书店出版社 1992 年版，第 350-351 页。
② 《(民国)佛山忠义乡志》卷 14，《中国地方志集成·乡镇志专辑》第 30 册，上海书店出版社 1992 年版，第 577-578、602 页。

多大的差异。士绅掌控着团练组织，且拥有一定的自主权。

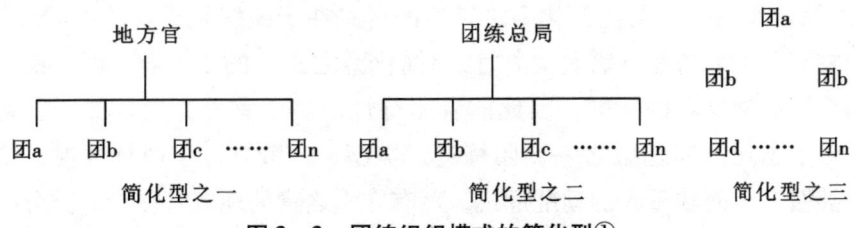

图3-3　团练组织模式的简化型①

要形成"简化型之二"的团练建置，条件相对较为苛刻：第一，组建团练总局士绅的名望要达到全县各地区团练领导者的高度认同。这样办理团练总局的领导者在调派人力物力、征收团练经费等重大问题的决策上，才能得到各地团练的领导者充分的支持和信任。第二，在团练建置上要达到县一级的规模，才有必要设立一个团练总局作为全县团练的领导机构。但是，团练总局所在的县域又不应太过广阔，只有管辖的地域相对狭小，总局之下各小团之间才能够互为支援，这样才无须在管理小团的架构上再设置一个团练分局。第三，统领全县团练的士绅要具备足够的才能与名望，并且地方官肯适当地让权，让地方士绅发挥出管理全县团练的作用。基于上述条件，该种"简化型之二"的团练建置较为罕见。据笔者掌握的材料，在清代广东团练中仅存一例，即洪兵起义期间罗定州西宁县团练。

咸丰四年七月（1854年8月），罗定州各乡匪党竖旗拜会，罗定州西宁县士绅乐羽阶、苏荣登、李文阶、莫贞柄、钟耀珍等人联络各村决意成立团练公局，将7堡86村的区域划为37卡，每卡设立练丁20名，共得练丁740名。其中"划定罗同堡要隘分四卡，兴良堡要隘分五卡，平台堡要隘分七卡，万洞堡要隘分七卡，石堡要隘分四卡，练社堡要隘分四卡，桥亭堡要隘分六卡"②；"均每名给发口粮米一升，费用钱四十文。酌议每殷户收谷一百谷，应出谷三十谷，另加菜送钱三千文，均由各堡各村就近支发，以有余补

---

① 贺跃夫：《晚清士绅与近代社会变迁——兼与日本士族比较》，广东人民出版社1994年版，第39页。
② 《（民国）西宁县志》卷26，艺文志，《七堡团防与贼对仗节略一卷》（七堡公局刻本存），《中国地方志集成·广东府县志辑》第51册，上海书店2003年版，第243-244页。

不足"①。

"简化型之一"与"简化型之二"的区别在于团练领导者的不同。"简化型之一"的团练领导者是地方官,"简化型之二"的是士绅。由于前后两者团练组织领导者的不同,因此前者团练性质属于官办,后者属于官督绅办。对于出现"简化型之一"团练建置类型,一般有以下两种情况:第一种是县城安全面临重大的动乱危机,负有守土之责的地方官在没有充分时间委任士绅组织团练的情况下,自发组建全县团练,成为全县团练组织的领导者。第二种是地方官为抑制绅权扩张,意图将团练领导权控制在手。

地方官在组建全县团练过程中,可能会设置团练局作为领导机构,也可能面临的形势非常危急,来不及组建团练局,直接招募团勇参与战斗。咸丰四年七月(1854年8月),红巾贼林六年、陈金缸、晁润章及练四苦等人作乱,攻陷清远县城。知县程兆桂避走滨江,居于士绅郑铄生家中。为克服县城之计,在知县程兆桂的领导下,清远全县绅民为收复县城组建了57个小团,并于咸丰五年三月(1855年4月)克复县城。

表3-4 洪兵起义期间清远县知县程兆桂领导组建的团练②

团练名称	领导者	团练名称	领导者
恒泰社	郑铄生	咸泰约	捕属郭钟熙等绅
联安约	向阳等绅	镇安、联益、同昇三约	谢炳然、潘交泰、谢兆蓉等绅
联和约	黄昌祚、麦缙光等绅	同安约	杨怀仁等绅
乐善约	雷斯焕等绅	安全南约	郭见鸾等绅
云从三十六约	陈书元、钟显华、陈嵩年、陈蓉镜等绅	永安、德和、平安各约	潘泉等绅
安全北约	陈先吉、莫廷銮等绅	均和约	林汝槐等绅
同人约	陈杰文、吴荣等绅	联安、联平、联昇、高昇、同泰五约	湛江朱德赞、徐佐光、徐湛泉、陈凤云、冯儒参、黄孟章、罗象来、孙炽昌、曹贞元等绅

同样的情况也发生在肇庆府四会县。咸丰四年七月(1854年8月),苏

---

① 《(民国)西宁县志》卷26,艺文志,《七堡团防与贼对仗节略一卷》(七堡公局刻本存),《中国地方志集成·广东府县志辑》第51册,上海书店2003年版,第243-244页。
② 《(光绪)清远县志》卷12,前事,《中国方志丛书·第54号》,成文出版社1974年版,第169-170页。

程率领所部的洪兵起义军袭据四会县城，知县牟考祥谕令各铺团练，各率乡勇收复。"县役薛开奉县主牟考祥避居邑西南大坑中之第三凹，与各绅潜图收复。维时冈南书院大起团练，高悬赏格，而仁聚、庶富、永安三铺即整顿团防。"①

光绪二十四年（1898），法国侵略者强占广州湾，遂溪县知县李钟珏组建抗法团练，将1500名乡勇编练成六个营（黄略、麻章、文车、平石、仲秋、志满），每营团勇250人，与侵略者展开激烈的斗争。②

以上提到的地方官直接领导全县团练情况，是出现在县城安全面临重大危机中。当然，出现"简化型之二"的团练组织建置，即地方官直接领导全县团练，其原因可能在于官方对地方绅权扩张的警惕与防范，将原本属于士绅的团练领导权改由地方官亲自掌控。清末广东团练的组建过程中经常出现由地方官担任团练的实际领导者。例如光绪十二年（1886）清乡剿匪期间由南韶连镇总兵郑绍忠创设的英德县三属总局，统辖其下的团练分局则多达48个。③

光绪二十四年三月（1898年4月），陆丰土匪纠集千余人进攻县城之时，知县蒋星熙率领团勇击杀匪众四十余人，取得了实质性的成效。④陆丰县知县蒋星熙由于率领本县团练剿匪有功得到朝廷的表彰。

"简化型之三"的团练建置呈现的是缺乏核心领导，团练分布较为散乱，且各团之间互不统属的团练组织形态。这种类型的团练大多数属于私团，即多由地方士绅私自组建。这种团练组织类型在团练建置尚未发展完善的嘉庆年间较为常见，例如嘉庆十年至十五年（1805—1810）华南海盗活跃期间的广东团练。嘉庆年间海盗肆虐之时，广东当局发起第一次办团行动，当时的广东各州县团练在应对海盗扰乱方面基本呈现各自为战的局面，

---

① 《（光绪）四会县志》，杂事志，前事，《中国方志丛书·第58号》，成文出版社1974年版，第522－523页。

② ［清］李钟珏：《密禀团练情形（八月十四日具禀）》，苏宪章：《湛江人民抗法史料选编（1898—1899）》，中国科学文化出版社2004年版，第54页。

③ 《（民国）英德县续志》卷15，前事略，《中国地方志集成·广东府县志辑》第12册，上海书店，2003年版，第705页。

④ ［清］谭钟麟：《现办团练情形折》，《谭文勤公（钟麟）奏稿》卷20，沈云龙主编：《近代中国史料丛刊》第33辑，文海出版社1973年版，第1243页。

各州县团练互不统属。嘉庆年间广东各州县皆有组建团练抵御海盗侵扰，这些团练领导者既有地方官也有士绅，其团练规模较小，多属海盗侵扰之时临时组建而成的。这一时期的团练除顺德县的容桂公约、番禺县的仁让公局和香山县的固圉公所之外，其他地区的团练没有设立团练局，没有统一的领导机构，多由团练领导者临时招募团勇组建团练，并迅速参与到对海盗的斗争中，各团之间对海盗的打击没有形成密切的配合。临时组建的团练在海盗退却之后旋即解散。另外，咸丰四年（1854）洪兵起义刚开始的时候，官府与各地州县措手不及，所以虽然当时许多州县纷纷组建团练，当从整体上看各州县团练之间互不统属，缺乏统一领导，因此这一时期的团练状态也属于"简化型之三"。

第四章
组织人员与经费

第一节 组织人员

清代广东团练的组织人员按照领导与被领导性质分为团练领袖、团勇与练勇两种。在标准型的组织建置中,团练领袖只有士绅,官府只负责监管,而在非标准型的组织建置中,团练领袖除了士绅以外还包括了官员和其他职业人员在内。团练成员按照征集或招募两种形式分为团勇和练勇两种。

一、团练的领袖

古之团练作为一种乡兵组织,一般会设立首领作为组织领袖。而团练组织领袖称谓不一,有"勇头""屯长""团总"之称。"乡为一团,里为一队,建其长,立其社副、勇头。"① "团乡兵青山,为屯长。"② "十甲为一团,设团总副团总牌一人。"③ 自明代始,团练组织之领袖一般为乡族的绅衿、耆老所担任。如明人田艺蘅所言,团练乡兵在沿海之所以能取得成效,是由于"大族之功,既能率人,而久乱之乡又皆固志,加以守巡之协助,府县之专督,是以其势易行,其民易集"④。而要充分发挥出团练的战斗力,

---

① [元] 脱脱:《宋史》,第35册(卷401),列传刘熻传,中华书局1985年版,第12172页。
② [清] 查继佐:《罪惟录》,列传,衡运诸国列传,夏明玉真,浙江古籍出版社1986年版,第1332页。
③ 周源:《试论义和团运动时期的直、鲁民团》,中国义和团运动史研究会编:《义和团运动与近代中国社会》,四川省社会科学院1987年版,第161-164页。
④ [明] 田艺蘅:《留青日札》,上海古籍出版社1985年版,第1184页。

他认为"望重一邑,才摄万夫、恩威兼著之家,信义素孚之人"① 才能充任团练的组织者。动乱之际,地方负有名望的士绅自然成为团练组织的领导者。例如明末鄞县管江一带,一些不逞之徒乘机造反,秀才杜懋俊对此深感忧虑,"乃谋于其叔兆茁,请颁土团之法于有司,遂以兵法部勒族人,分队瞭望,击柝行夜,间党为之安堵,而沿海诸村无不仿而行之"②。直至清代,团练组织仍以士绅为其领袖。"(咸丰四年六月)人益惶惑,绅士邱步琼、林恒亨、朱以鉴、饶应春、刘于山等乃白官,请集众团练,分立五杜巡防,助官军击御,人心稍安。"③ 清代咸丰年间朝廷委派"团练大臣"为一省团练之领袖④,而所谓的"团练大臣"则为"在籍绅士"。

至于清代广东团练组织,在标准型的团练组织设置中,由于采取的是"官督绅办"的办理模式,因此团练机构领导阶层大部分是由士绅构成。在清代士绅阶层中存在一定的等级划分,那么领导清代广东团练的士绅身份等级究竟如何?在分析清代广东团练领袖的士绅等级前,有必要先对清代士绅等级划分做一番说明。

表 4-1　19 世纪中国士绅上下层集团划分简表⑤

	正途	异途
上层士绅	官吏、庶吉士、进士、举人、贡生(包括各类贡生)	官吏
下层士绅	生员(包括各类生员)	监生、例贡生

19 世纪中国士绅的来源主要有两种途径,一种是通过科举考试获得功名的"正途",另一种则是通过捐纳等其他途径获取的功名,称为"异途"。一般来说通过正途而成的士绅比异途而成的士绅更受尊崇。如表 4-1 所示,士绅集团分为上下两层:上层士绅为拥有高级学衔的庶吉士、进士、举人、贡生以及已经进入仕途的官吏为代表的上级士绅阶层;下层士绅则是拥有较

---

① [明] 田艺蘅:《留青日札》,上海古籍出版社 1985 年版,第 1184 页。
② 《明管江杜秀才窆石志》,[清] 全祖望:《鲒埼亭集》卷 8,商务印书馆 1942 年版,第 107 页。
③ 饶宗颐:《潮州志》,大事志,清,民国潮州修志馆铅印仿宋聚珍本。
④ 崔岷:《咸丰初年清廷委任"团练大臣"考》,《历史研究》2014 年第 6 期。张研、牛贯杰:《19 世纪中期中国双重统治格局的演变》,中国人民大学出版社 2002 年版,第 219-259 页。郑亦芳:《清代团练的组织与功能——湖南、两江、两广地区之比较研究》,《台湾师大历史学报》1977 年第 5 期,第 328-329 页。
⑤ 张仲礼著:《中国绅士:关于其在 19 世纪中国社会中作用的研究》,李荣昌译,上海社会科学院出版社 1991 年版,第 6 页。

低功名的学子，如生员，还有一些通过异途获取功名的士绅，如监生、例贡生等。在整个士绅阶层中，上级士绅阶层比下级士绅拥有更多的优越条件，如任官方面，朝廷选任官职更多倾向于对上级士绅阶层进行选拔。下级士绅如要进入仕途，则需要通过更高级的科举考试或者捐纳、军功等特殊形式，同样在行使各种社会职责方面自然也要多于下层士绅。以团练组织为例，一般团练组织的领导者皆为上层士绅。相较于下层士绅，上层士绅对团练组织的控制权也更大。

表4-2 标准型团练组织建置下清代广东团练领袖出身情况表①

士绅身份等级	咸丰五年（1855）顺德团练总局的团练领袖	光绪十年（1884）顺德团防总局的团练领袖	光绪二十四年（1898）广东省团练总局的团练领袖
庶吉士	1人（龙元僖）	0人	4人（邓蓉镜、何荣阶、丁仁长、梁鸿襄）
进士	3人（林泽芳、赖子猷、罗家劭）	1人（胡慧融）	7人（潘衍桐、潘宝琳、易学清、陈如岳、劳肇光、郭乃心、梁志文）
举人	13人（何大璋、麦奋扬、黎超民、吴梯、潘恂、冯冠贤、吴昭良、杨康、龙葆诚、袁秉彝、陈松、黎炽远、何锷）	9人（龙葆诚、罗彤绾、罗家劝、岑芳兰、冯卓英、陈松、何序镛、区兆书、张常吉）	4人（梁庆桂、俞守义、许应镕、陈庆荣）
贡士	1人（罗惇鹏）	1人（欧阳兰）	1人（黄葆熙）
不明身份	0人	1人（甘霖雨）	0人
合计	18人	12人	16人

在标准团练组织建置形态下，县级以上团练机构的团练领袖没有下层士绅，全部都由贡士以上的上层士绅组成。如表4-2所示，从咸丰五年的顺德团练总局到光绪十年的顺德团防总局，其团练领袖总人数从18人降至12人，并且团练士绅的身份等级呈现降低的趋势。光绪二十四年（1898）创

---

① 咸丰五年（1855）顺德团练总局与光绪十年（1884）顺德团防总局的团练领袖出身信息来源如下。[日] 西川喜久子著：《顺德团练总局成立始末》，苏林岗译，《国外中国近代史研究》第23辑，中国社会科学出版社1994年版，第127-128页。《（咸丰）顺德县志》卷10，广东省地方史志办公室辑：《广东历代方志集成·广州府部》第17册，岭南美术出版社2007年版，第239-240、276-281页。《（民国）顺德县志》，卷8、17、18，《中国方志丛书·第4号》，成文出版社1966年版，第114-117、214-218、223-233页；中国第一历史档案馆藏：《清代官员履历档案全编》第28册，华东师范大学出版社1997年版，第629页。光绪二十四年（1898）广东省团练总局的团练领袖出身信息来源：《谕办民团》，《岭海报》1898年10月4日。《大绅办团》，《岭海报》1899年1月22日。

办的广东省团练总局，由于其规制是省级的团练机构，总督谭钟麟创办该局时邀请广东省各地一些著名士绅入局办团，因此该局显得人才济济。担任该局的团练领袖总共16人，其中拥有庶吉士身份的士绅就有4人，进士7人，这一身份人数最多，担任团练主要领导工作。以上的数据统计，大致反映出属于"大团"或"扩大团"规模的广东团练领袖基本上由上层士绅担任，"大团"团练领袖以举人为主，"扩大团"的领袖以进士为主。

表4-3　非标准型团练组织建置下清代广东团练领袖出身情况表①

团练领袖出身分类			嘉庆天地会起义期间的团练领袖	嘉庆华南海盗活跃期间的团练领袖	咸丰洪兵起义期间的团练领袖	合计
官员	知府		1	1	0	2
	知县、知州		2	5	18	25
	职员		2	24	23	49
	捐职		2	1	8	11
官员人数合计			7	31	49	87
士绅	上层士绅	庶吉士	0	0	2	2
		进士	0	6	7	13
		举人 文举	2	10	29	41
		举人 武举	1	3	1	5
	下层士绅	贡生	1	8	26	35
		监生	2	6	7	15
		其他身份生员	1	8	26	35
	不明身份的士绅		0	6	0	6
士绅人数合计			7	47	98	152
其他职业人员			0	2	0	2
不明身份的人员			1	9	38	48
团练领袖人数合计			15	89	185	289

① 这里关于非标准型团练组织建置下清代广东团练的团练领袖出身情况统计，主要针对的是"简化型之三"的团练状态而言，即嘉庆华南海盗活动期间和咸丰洪兵起义初期的广东团练状态。因此本表的数据由清代广东地方志提供的团练领导者情况信息进行统计。表中团练领袖人数合计为官员人数、士绅人数、其他职业人员人数及不明身份人员人数之和。

嘉庆华南海盗活跃期间的广东团练状态与咸丰年间洪兵起义时期广东团练状态是一致的，皆属于各团互不统属的"简化型之三"的团练组织建置模式。由于在这种模式之下的团练组织缺乏统一的核心领导，因此创办团练的领导者身份较为复杂，既有官员，也有士绅，同时还存在其他职业人员。

从表4-3可见，在嘉庆天地会起义期间的广东团练领袖数据统计中，团练领袖总人数为15人，官员作为团练领袖占比约46.7%，士绅占比约46.7%，其中上层士绅占比约26.7%，下层士绅占比约20%。嘉庆华南海盗活跃期间的广东团练领袖数据统计中，团练领袖总人数为89人，官员作为团练领袖占比约34.8%，士绅作为团练领袖占比约52.8%，其中上层士绅占比约30.3%，下层士绅占比约22.5%。咸丰洪兵起义期间的广东团练领袖数据统计中，团练领袖总人数为185人，官员作为团练领袖占比约26.5%，士绅占比约53%，其中上层士绅占比约35.1%，下层士绅占比约17.8%。

由以上数据统计分析可知，两个时期的广东团练领袖中官员占据了一定部分的比例，但士绅仍是团练领袖的主要组成人员。在上层士绅与下层士绅的人数比例对比中，上层士绅是团练领袖的主要组成人员。在上层士绅的人数统计中，文举与贡生两种身份的人员分别占据总人数比例的14.2%和12.1%[1]。

由此可以得知，"小团"规模的广东团练领袖由上层士绅担任居多，并且以举人和贡生居多。再结合前面标准型团练组织建置下清代广东团练领袖出身情况统计，我们可以得出无论是"小团""大团""扩大团"的办团规模，还是标准抑或非标准的团练组织建置，清代广东团练基本上是由上层士绅所把控，其中举人身份的士绅为团练领袖的数量最多。

办团的士绅群体中既有维护社会秩序的"正绅"，亦有扰乱社会秩序的"劣绅"。在笔者所能获得关于清代广东团练的资料中，大部分办团士绅属于"正绅"。他们在巩固清王朝政权统治、维护社会秩序方面作出应有贡献。但也有极小部分劣绅利用自己的个人权势组建团练，为非作歹，做出残

---

[1] 该两个结果是由嘉庆和咸丰两个时期文举和贡生的总人数，即41人和35人，分别除以两个时期的总人数289人得出，41/289≈14.2%，34/274≈12.4%。

害乡里的事件。例如"署连州知州张崇恪密禀查访前任连阳游击之子车德麟、车德熊,以团练为由,在连肆行焚掠、逼勒抄抢情形"①。

二、团勇与练勇

(一) 团勇

团练成员按照征集和招募两种方式分为团勇和练勇。采用按户征集的方式,一般采取"三丁抽一丁"的原则。征集的团勇年龄范围在 15 岁至 50 岁之间。按户征集、"三丁抽一"成为清代广东团练募集团勇的标准原则,嘉庆两广总督那彦成治理海盗期间办团和道光鸦片战争期间升平社学征集团勇皆如此。② 光绪广东剿匪清乡期间番禺县制定的团练章程也如此规定:

> 团练以乡村烟户之多寡定团丁之多寡,大率三丁抽一,择其年力精壮,十五岁以上、五十岁以下者充之。以十人为一牌,设一牌长,于团丁中择干练者为之。五牌为一团,设团正副各一,择生监之勤干有为者充之。大乡或十数团,中乡或四五团,小乡或一二团。③

街约团练方面也采取按户出丁或按铺出丁的形式,例如道光二十九年(1849) 鸦片战争期间广州城内组建的街约团练,采取的就是大户出三丁,中户出二丁、小户出一丁方式,并且不得随意在外招募。街约团勇主要由店员、工人充任,每街每约少者几十人,多者数百人。由于当时民众的抗英斗争情绪激昂,因此广州城内旬日之间组织的街约团勇有近 10 万人之多。咸

---

① 刘志伟、陈玉环整理:《叶名琛档案——两广督府衙门档案残牍》第 7 册,广东人民出版社 2013 年版,第 87 页。

② "无论绅衿及在官服役,家有三丁总须一人入练丁单。不及数者许二三家朋出一丁。"([清] 章佳容安辑:《那文毅公两广总督奏议》卷 11,沈云龙主编:《近代中国史料丛刊》第 21 辑,文海出版社 1973 年版,第 1452 – 1453 页。)"一户有男子三人者出一人,只有男子一人或一人以上,而皆属老弱或残疾者,在同村中雇请代替。"(《升平社学防守城北条例》,广东省文史研究馆:《三元里人民抗英斗争史料》,中华书局 1978 年版,第 274 – 277 页。)"议令富者助饷,贫者出力,举行团练,按户抽丁,除老弱残废及单丁不计外,每户三丁抽一,以百人为一甲,八甲为一总,八总为一社,八社为一大总。"([清] 夏燮著:《中西纪事》,高鸿志点校,岳麓书社 1988 年版,第 166 页。)

③ 《广东番禺县钱明府所定团练章程》,《申报》1902 年 12 月 23 日。

丰四年（1854）两广总督叶名琛督办广州省城内街约团练时规定，"议大街添设民壮四十名，中街三十名，小街廿名。如遇有告警，大铺另出三人，中铺出二人，小铺出一人"①。后来随着战事的紧张，街约团练不仅在广州城内每条街道都设置了关卡，而且大、中、小街道巡逻执勤的团练分别增至60人、30人和20人。换言之，随着战事的紧张，街约团练每铺出丁的人数也随之增加。

这种按户征集的方式是典型的传统组织法，与乡民出入扶助、守望相助、安危与共的本意相契合，因此容易为一般民众所接受。团勇的征集是以本地土著民众为主，在实际的战斗中，以本地土著组成的团练更能激发乡民抵御外侮、守卫乡间的情感，既加强了队伍的内部团结，又保障团勇对于战斗队伍的忠诚，提高了队伍的战斗激情和战斗力。另外，团练相较于外地的官军更具有本土的优势，更容易获取胜利。②

（二）练勇

相对于团勇强制性征集的方式，练勇具有雇佣性质，一般先由士绅自行招募，然后归入官府加以管控。归入官府管控的练勇，其经费由官方拨给。练勇平时勤加训练，随时听从征调，有警则立即前往，随同官军平叛，实为游击之师。

湘军名将王鑫办团颇有心得，对训练练勇提出了一些理想的构思。③ 他认为要增强团练的战斗力必须重视团勇的训练，规定团练总局有训练练勇、教以技艺、授以大义、明以营规等任务，并公择一良绅主其训练之事。团勇必须每日进行日常的军事训练。但在实际操作中，特别是处于紧张的战争环境状态下，往往是由一些士绅自行招募乡勇组成团练，然后再附入总局组织中，而并非由总局为练勇公择一绅士作为领导。咸丰四年（1854）洪兵起义期间，总督叶名琛面对严峻的局势号召各州县士绅迅速办理团练，并准许

---

① 《联街团练新增章程》（咸丰四年十二月，太平等六十六街全启），陈玉环、刘志伟整理：《叶名琛档案——两广督府衙门档案残牍》第7册，广东人民出版社2013年版，第194页。

② [清]石香村居士编辑：《戡靖教匪述编》，卷11，集述，故宫博物院编：《钦定新疆识略》第58册，海南出版社2000年版，第369-370页。

③ [清]王鑫：《剿匪竹坑兴宁连次获胜并上弭乱四策恳准添勇湘勇赴援江西禀》（咸丰三年八月），《王壮武公遗集》卷1，禀牍，沈云龙主编：《近代中国史料丛刊》第25辑，文海出版社1966年版，第197-198页。

这些士绅率领练勇随同官军与洪兵作战。

香山县士绅林福盛所率的香山团练（亦称"香勇"）就是其中一支作战十分得力的战斗部队，林福盛本人也因为军功由一名普通的士绅屡保至知府衔。林福盛所部附入当时的广东团练总局，受总局的控制、指挥和约束。林福盛所部军纪严明，根据林福盛颁布的团练告示，要求练勇早晚须练习技艺、枪炮，每逢三、六、九还要演操一次，并且该团的赏罚、医治、抚恤等事务按照总局规定的章程办理。① 相较于团勇，练勇的战斗力较强主要在于平时的操练，林福盛率领的"香勇"之所以成为同时期团练的典范，不仅在于军纪的严明，还在于由固定的日常操练所训练出的练勇优秀的战斗素质。

轮操团勇，从优奖劝。现奉札饬，调集团勇二万四千四百名。此即宋沈作宾招募海盗及城乡恶少，明花茂约束蜑户、隐料无籍等军法。拟请选派忠实大员，会同督带官，按地段分期轮操。计半月一周，每操各赏银一钱，扣月支银四千八百八十两。平时奖劝如此，有事再按营制给饷，即成劲旅矣。否则，素无训练，号召恐不灵，纵勉强招集，亦不过乌合之众耳。②

这则史料虽然提到的是"团勇"，但是按照其招募的性质以及制定的赏银制度来看，应该指的是"练勇"，同样也是指出了练勇操练的重要性。

除了林福盛所率领的"香勇"之外，属于练勇的还有东莞县孝廉何仁山领导的团练（"东莞勇"）、新安县（今深圳、香港地区）主事陈桂籍领导的团练（"新勇"）、千总邓安邦率领的"邓勇"，以及花县等地的练勇。还有就是道光年间林福祥士绅率领的"林家水勇"，和咸丰年间方源率领的"潮普勇"。自方源病逝之后，"潮普勇"由其儿子方耀接手。随后方耀率领"潮普勇"与广东洪兵进行激烈的战斗，战功显赫，升迁至副将，加总兵

---

① 广东省文史研究馆、中山大学历史系合编：《广东洪兵起义史料》上册，广东人民出版社1992年版，第153—154页。

② 《上两广张制军策八条》（光绪九年八月二十二日），[清] 李蕊：《兵镜类编》，李维琦等校点，岳麓书社2007年版，第824页。

衔，直至光绪年间出任广东提督，督办广州府、惠州府两府团练。

以上提到的是一些较为出名的练勇，各地州县也记录着一些当地士绅私募乡勇的情况。例如在洪兵起义之时，南海县士绅潘斯濂"出资募勇五百，肃清乡界"①。南海县士绅冼斌（佐邦）与其兄冼佐邦捐资募勇、共办团练。"冼佐邦捐资募勇，自成一军，号南顺营。省城解围，进兵收复佛山。事平，以所部归分府谢效庄管带，善后事皆倚以办，乡人至今德之。"②"（咸丰）四年，（冼斌）叠丁内外艰，值红巾倡乱佛山，与兄举人佐邦毁家办团，率南顺勇千余随同官军收复佛山。独力捐给饷械者九阅月。"③还有如第二次鸦片战争期间，英法联军占据广州城期间，南海县士绅梁葆训"募土勇为北路统带，选精壮五百名，驻北门外高岗，运兵筹饷，身自任之"④。

第二节　组织经费

一、经费筹措

嘉庆年间平定白莲教起义时的团练属于官办团练，由地方官府控制，官方提供一定的团练经费，形成了"地方官府、衙门佐杂、团练"的经费管理模式。但是朝廷与地方官府财政无法支应日益庞大的团练经费开支，加之

---

① 《（宣统）南海县志》卷14，列传，冼斌传、潘斯濂传，卷15，列传，梁葆训传，广东省地方史志办公室辑：《广东历代方志集成·广州府部》第14册，岭南美术出版社2007年版，第349、355、383页。

② 《（民国）佛山忠义乡志》卷14，人物，忠义，《中国地方志集成·乡镇志专辑》第30册，上海书店出版社1992年版，第575页。

③ 《（宣统）南海县志》卷14，列传，冼斌传，广东省地方史志办公室辑：《广东历代方志集成·广州府部》第14册，岭南美术出版社2007年版，第346页。

④ 《（宣统）南海县志》卷14，列传，梁葆训传，广东省地方史志办公室辑：《广东历代方志集成·广州府部》第14册，岭南美术出版社2007年版，第379页。

各地吏胥假手团练经费,导致假公济私、借名科派等弊端丛生。因此,嘉庆皇帝颁下谕旨要求团练经费由办团士绅筹办与使用,严禁地方官府插手。①可以说清朝统治者放手让地方士绅办团以解救其统治危机,是中央对地方、皇权对绅权做出的重大让步。

既然办团经费由办团士绅自行筹措,那么筹措经费也就是办团的首要问题。士绅对于经费筹措形式分为认捐、派捐和厘捐三种。

(一) 认捐

所谓认捐,一般是办团士绅自掏钱包或者向其他富户殷绅进行劝捐,以自愿为原则。所以筹集所得的款项有多有少,时常也有不足的情况,主要是作为团练局的第一笔启动资金。认捐一般分为两种情况,一种是办团士绅为筹集到足额的团练经费而先行垫资,这种认捐形式的目的只在于快速组建起团练,建立一支维护地方秩序的武装队伍。另一种是认捐,即所谓的"捐纳",是面向富户殷绅,以官阶、职衔或爵位为回报的捐输,该类形式也是俗称的"卖官鬻爵"。

认捐的对象一般与团练关系不大,他们更关心的是捐纳之后所获得的"回报",监生、例贡等下层士绅意图通过捐纳获得官职,达成进入仕途的目的,而富农、地主、商人等较为富有的平民意图通过捐输获得功名,以免除杂徭,且能够光耀宗祖,实现显赫乡里的最终理想。由于官阶、职衔和爵位这类荣誉是由朝廷授予的,因此采取此类形式的捐输必须得到朝廷的批准才能执行,一般只有省一级的行政机构才有被授权的资格。由于封典、职衔等爵位授予是独属于户部特有的职权,因此户部在咸丰初年驳斥了广东提交的报捐封典、职衔者清单,并重申旧例,禁止外省染指。"封典、职衔乃现行常例事宜,未便率议准行。"② 但是由于广东该项捐输的数额巨大,如果取消该项捐输事项,广东当局的财政收入将会大为减少,因此广东当局自是

---

① [清] 许乃钊辑:《乡守辑要合钞》(共十卷),清咸丰三年(1853年)武英殿刊本。
② 《叶名琛等奏报广东第三次捐输名单并请给捐生封典职衔折》(咸丰二年十二月十六日),中国第一历史档案馆:《清政府镇压太平天国档案史料》第4册,社会科学文献出版社1992年版,第232页。

不愿放弃此项捐输,上疏奏请继续收捐封典、职衔。① 咸丰三年至四年(1853—1854),在广东军需局设立之前,广东当局以"捐输接济团练"名目收取捐输银两。

表4-4 咸丰三年至四年(1853—1854)广东军需支用捐输经费数额②

时间	名目	金额(两)
咸丰三年春季	捐输接济团练经费	623070
咸丰三年秋季	捐输接济团练	314463
咸丰四年春季	捐输接济团练	124373
咸丰四年秋季	捐输接济团练	178797
合计		1240703

咸丰三年至四年(1853—1854),广东捐输接济团练金额多达124多万,即平均每年捐输款项超过50万两。由绅民捐输封典、职衔的银两款项直接由广东当局收取,归入广东军需项目"捐输接济团练"之中。咸丰四年(1854),总督叶名琛成立广东军需局之后,原有的"捐输接济团练"名目取消,变成"收入的'非常规'来源和地方来源"名目,其间分类更为仔细。

在筹集团练经费期间,由于形势危急,团练经费一时间无法筹集完备,所以许多办团士绅往往会选择自行垫资办团。例如咸丰四年(1854)洪兵之乱时,南海县士绅伍崇曜为达到迅速办团的目的,旬日之内自掏腰包筹得十余万两。③ 咸丰四年,"红匪蜂起大吏委办乡团,饷需奇绌。葆训与诸父谋捐公产万金济军食,号召石井、怀清、同风、恩洲四社丁壮千人悉力防

---

① 《徐广缙等奏报准部咨现停捐输另捐接济团练请量予准广折》(咸丰元年十一月初九日),中国第一历史档案馆:《清政府镇压太平天国档案史料》第2册,社会科学文献出版社1992年版,第501页。

② 许存健:《清代咸同年间广东捐输收支研究》,《中国经济史研究》2020年第5期,第38页。

③ 《(同治)南海县志》卷14,列传,伍崇曜传,《广东历代方志集成·广州府部》第11册,岭南美术出版社2007年版,第637页。

堵，为省垣屏蔽。①"

咸丰五年（1855），顺德县士绅龙元僖筹办顺德团练总局之时，自己就先捐出白银十万两"以为之倡"②。随后龙元僖向其他士绅和富户劝捐，共得捐银97万两。其中大部分银两解送往省局，只留下22万两作为团练组织的启动资金。咸丰七年（1857）龙元僖等绅创办广东团练总局之初，就经费筹集事宜其自行垫资一万两，与顺德其他办团士绅共筹借得到10万两办团经费。③光绪三十年（1904）年底总督岑春煊号召全省举办团练，并且办团的各级官员首先进行捐输做出表率。"（总督岑春煊）首捐廉银二千两，续据广东藩司胡湘林、两广盐运司恩霖各捐一千元，广东臬司沈瑜庆捐银五百元，署广州府知府陈丰曾捐银一千两，并另行筹拨间款一千元，共为开办经费。"④

（二）派捐

派捐有平均分摊之意，由团练局向管辖下的田产按亩征税或向城内商店铺户按户征收一定比例的银两，该种方式具有强制性，主要用于维持团练的运转，是团练经费的主要来源。例如嘉庆年间顺德县容桂公约的团练经费就从顺德县管理的沙田区域中抽收。嘉庆年间总督那彦成督办沿海团练时，其团练经费也按照顺德容桂公约的比例进行抽收。"凡有田一亩者，每月捐银八厘，经营伊始，用度浩繁，合议欲收一年经费约一万余两。"⑤

咸丰五年（1855），顺德团练总局成立后，东海护沙局接管了容桂公约，统归于顺德团练总局。东海护沙局将容桂公约征收的每亩8分捕费提高到每亩6钱多，而且其管辖的东海十六沙及其子沙的沙田面积，要比容桂公

---

① 《（宣统）南海县志》卷15，列传，梁葆训传，广东省地方史志办公室辑：《广东历代方志集成·广州府部》第14册，岭南美术出版社2007年版，第383页。
② ［清］龙葆诚：《凤城识小录》卷上"顺德团练总局始末"，广东省立中山图书馆、佛山市顺德区清晖园博物馆：《顺德历代文献选篇影印文丛》第一辑，世界图书出版广东有限公司，2020年版，第6页。
③ ［清］华廷杰：《触藩始末》，齐思和主编：《第二次鸦片战争》第1册，上海人民出版社1978年版，第193页。
④ 中国第一历史档案馆：《光绪朝朱批奏折》第26辑，中华书局1995年版，第626页。
⑤ ［清］章佳容安辑：《那文毅公两广总督奏议》卷11，沈云龙主编：《近代中国史料丛刊》第21辑，文海出版社1973年版，第1466－1467页。

约管辖的沙区区域大许多，因此东海护沙局每年从沙田征收到的经费多达24万两①。东海十六沙所能获得的亩捐只是顺德团练总局经费收入的一部分，顺德团练总局辖下的新青云文社也拥有一定数量的田产，而且顺德团练总局从咸丰九年到同治九年还陆续购置一些田产，所以顺德团练总局每年收取的经费自然比辖下东海护沙局征收的亩税多得多。

但是团练局向佃户征收亩税所得的款项不一定能够维持团练的正常运作，况且沙田亩税时常出现拖欠不交的现象。于是办团士绅借用官府名义或通过官府的权威，强行向富户或邻近州县乡村进行摊派筹借。如咸丰七年（1857）的广东团练总局，在获得顺德士绅的 10 万两捐输之后仍出现经费严重不足的情况，于是办团士绅龙元僖借用官府名义强行向广州城内各富户绅民进行筹借，并许诺自借钱之日进行计算，月加息 6 钱，先借用 10 个月，到期本息清还。② 此后，两广总督黄宗汉饬令地方官会同士绅按户强制性进行派捐，分委总局各士绅先赴近省各县进行筹借。但是有些捐户认为和议已成，无须捐款，对官府与士绅的催捐进行抵制，严重阻碍团练经费的凑集。③ 最后不得已，广东团练总局联合官府对广州城内富户殷绅以及邻近州县进行强行派捐，最终才勉强筹集到能够维持团练运转的经费资金。

同样围绕团练经费进行强行派捐的例子，还有咸丰四年十一月（1855 年 1 月），惠州府归善县知县何庆龄派捐军饷。"自团练以来，两城捐输军费不下数万，至是，知府陶沄统兵往援博罗，饷无所出，庆龄传集绅民酌量派捐，共得银八万余两。"④

设立于城中的街约团练，其经费筹措也是向城内铺户每家每户进行征

---

① 《东海十六沙纪实》，"经费之侵蚀"，转录于黄永豪：《土地开发与地方社会：晚清珠江三角洲沙田研究》，文化创造出版社 2005 年版，第 107 页。
② ［清］龙葆诚：《凤城识小录》卷下，"广东团练总局始末"，广东省立中山图书馆、佛山市顺德区清晖园博物馆：《顺德历代文献选篇影印文丛》第一辑，世界图书出版广东有限公司，2020 年版，第 31 页。
③ ［清］华廷杰：《触藩始末》，齐思和主编：《第二次鸦片战争》第 1 册，上海人民出版社 1978 年版，第 193 页。
④ 《（光绪）惠州府志》，卷 18，郡事下，《中国地方志集成·广东府县志辑》第 15 册，上海书店 2003 年版，第 277 页。

收。例如鸦片战争期间广州城内成立的街约团练。广州城内的街约团勇订立了团练章程，规定团练经费由广州城内铺户按户分摊。① 广东洪兵起义期间，广州城内设立的联街团练同样也是抽收铺户一个月租银作为团练经费。② 直至光绪二十九年（1903），两广总督岑春煊再办省团时仍旧按照抽收房租一月为团练经费进行办理。③

顺德大良公局的团练经费筹集则是对商店月租抽收和对附郭田亩的征税兼而有之。大良公局下辖四关公约（东关、北关、南关与城内公约），每年四关勇粮需银五千两，其中南关勇丁六十名，东、北两关各四十名，分驻各卡。三关各设管带一名，唯城内局勇八名无管带。勇粮每名每月三元，管带月薪各银六两，由大良局发给。同治十年（1871），停抽商店乡用，而附郭田亩仍照抽收，后改为每亩5毫。④

表4-5、表4-6所示是《叶名琛档案》中广州城各商行以及广州府各州县捐输团练经费数额：

表4-5 咸丰年间广州城各商行接济团练的捐输数额情况⑤

行业	应捐数额（两）	未缴数额（两）	已缴数额（两）	已缴数额百分比
油行	3000	15100	14900	49.67%
衣新行	4000	1560	2440	61.00%
栏干行	720	400	320	44.44%
草纸行	360	360	0	0
馨兰烟行	500	500	0	0
瓷器缸瓦行	10000	10000	0	0
故衣行	10000	10000	0	0

① 《阖省城铺户居民等公启》，中国史学会主编：《鸦片战争》第3册，上海人民出版社1978年版，第358页。
② 《联街团练新增章程》，陈玉环、刘志伟整理：《叶名琛档案——两广督府衙门档案残牍》第7册，广东人民出版社2013年版，第194页。
③ 《粤办民团》，《申报》1900年7月18日。
④ 《（民国）顺德县志》卷3，建置，"团局公约"，《中国方志丛书·第4号》，成文出版社1966年版，第44页。
⑤ 刘志伟、陈玉环整理：《叶名琛档案——两广督府衙门档案残牍》第8册，广东人民出版社2013年版，第267页。

(续表)

行业	应捐数额（两）	未缴数额（两）	已缴数额（两）	已缴数额百分比
省城内外布行	30000	8000	22000	73.33%
东西栏猪行	30000	24700	5300	17.67%
鲜鱼行	21000	19000	2000	9.52%
药材行	35000	32000	3000	8.57%
绣布行	14000	10000	4000	28.57%
糖行	35000	28000	7000	20.00%
南北京果行64家	20000	17000	3000	15.00%
南北京果行32家	10000	10000	0	0.00%
合计	250580	186620	63960	25.52%

表4-6 咸丰时期广东府各州县接济团练的捐输数额情况①

县	地区	应捐数额（两）	已缴数额（两）	已缴数额百分比
香山	小榄乡	180000	102300	56.83%
	大黄团乡	50000	20000	40.00%
	古镇乡	14000	5000	35.71%
	香山慢子洲	2100	1400	66.67%
顺德	陈村咸鱼行	28000	13000	46.43%
	陈村锡箔行	5000	2000	40.00%
佛山	西关土丝行	50000	20000	40.00%
	佛山油行	10000	8000	80.00%
	三水西南油行	10000	4800	48.00%
东莞	石龙墟油行	30000	12000	40.00%
	石龙墟布行	24000	10000	41.67%
	石龙墟布行	12000	6600	55.00%
番禺	李村高长年	180000	75000	41.67%

---

① 刘志伟、陈玉环整理：《叶名琛档案——两广督府衙门档案残牍》第8册，广东人民出版社2013年版，第246页。需要说明的是该表只是咸丰时期广东接济团练的捐输数额中的一部分，只有广东府五个县的捐输款项被记录下来，其他府州县捐输情况未知。

广州城对于接济团练的派捐是按照行业进行的，且各商行缴纳情况各不相同，整体上欠缴情况比较严重，已缴纳金额只占了25.52%，其中草纸行、馨兰烟行等五行完全没有缴纳。相对于广州城各商行缴纳情况，广州府各州县缴纳情况相对良好，各地捐输的完成度为35%~80%。当然，官府的派捐时常伴随着逼捐。特别是在危急之际，官府为了达到快速筹集军费的目的，不得不使用一些非常规的强制性手段。同样，广东当局通过派捐的方式筹集团练经费，由于其派捐方式是直接摊派给各商行和地方州县，规定数额并由各商行工会头目或由地方官负责征收，所以各地负责人为了完成既定的数额，自然避免不了强加征派，其方式、方法与强加赋税无异。再加之其间的各种横征暴敛，商人、富户疲于应付各种募捐、派捐，自然出现抵制派捐甚至逃亡的情况。

（三）厘捐

办团士绅筹集团练经费还有一种形式为厘捐。厘捐制度开始于咸丰三年（1853），晚清时期遍及全国各省，成为各省财政重要来源。① 晚清时期频频变乱，各地团练林立，而中央财政枯竭，为应付内忧外患的艰难局面，特准予各地设卡抽税，即谓之"厘捐"。咸丰年间顺德团练总局设有六卡，团练总局在时由总局直接管理进行抽税，同治十一年（1872）团练总局撤销以后，归新青云文社接管。② 在咸丰五年（1855）东莞出现类似征收厘金的事件。当时茶山乡神袁承泰等人为了筹集团练经费，训练团勇，防御何六洪兵起义军的侵扰，于是"禀请县宪设卡于峡口，抽收出入船只货厘，以为经常费"。③ 承泰"出入钩稽，亲为筹画，丝毫不苟，数年团练经费得以敷用，且积储万金，以备不虞"。

咸丰八年（1858）广东开征厘金。④ 同治元年（1862）晏端书来粤督

---

① 彭雨新：《清末中央与各省财政关系》，吴相湘、李定一、包遵彭编纂：《中国近代史论丛》第2辑（第5册），正中书局1963年版，第16页。

② 《（民国）顺德县志》，卷3，建置，"团局公约"，《中国方志丛书·第4号》，成文出版社1966年版，第42页。

③ 《茶山乡志》卷4，清人物，《中国地方志集成·乡镇志专辑》第32册，上海书店2003年版，第407页。

④ 广州市经济研究院、广州市地方志编纂委员会办公室编：《广州近代经济史》，广东人民出版社1998年版，第122页。

办厘厂，广东各地遂于江河的运输枢纽纷纷设立厘厂。① 同治元年（1862）以前，清政府不准广东自用所征的厘金，要求全部调作曾国藩的军费协饷，后来广东督抚与曾国藩协商，以厘金的30%留广东使用，70%归曾国藩协商。同治三年（1864）广州设立厘金局，将征收银用于广东地方财政支出，这是广东地方自行支配税款的开端。② 然而事实上，厘捐之抽取实施未久，其本身制度上亦存在种种弊端，如各地设卡太多，扰民私饱之事所见皆在。③ 由于厘金征收弊端丛生，且各地团练对厘金的截留严重影响中央财政收入，于是朝廷遂有禁止之令："谕令各省团练不许动用地丁银两，又不许动用厘金。"④

同时也存在一种情况是无须筹措经费，即办团士绅或地方官临时组建团练，由于一时饷无所出，因此决定让参加团练的乡勇自备粮食。广东省乐昌县志记载，阖邑于咸丰四年八月（1854年9月）举办团练，"自备粮食，轮流戍之"⑤。

二、经费支出

既有团练经费的筹措，必有经费的支出。团练经费的支出主要包括以下几项。

第一，公共工程建设费用。

团练局作为地方社会组织，加之以地方士绅为领导，因此团练局兼有管理地方事务的职责，其中包括一些公共工程的建设。以咸丰年间顺德团练总局为例，咸丰五年（1855）收复县城后，首先把团练总局的不菲经费划出一部分，帮助官府修理损毁的城堡、衙署、火药库等。咸丰六年（1856）

---

① 《（民国）东莞县志》卷22，广东省地方史志办公室辑：《广东历代方志集成·广州府部》第24册，岭南美术出版社2007年版，第259页。《（民国）顺德县志》卷23，前事，《中国方志丛书·第4号》，成文出版社1966年版，第274页。

② 广州市经济研究院、广州市地方志编纂委员会办公室编：《广州近代经济史》，广东人民出版社1998年版，第122页。

③ 王云五主编：《道咸同光四朝奏议》，台湾商务印书馆1970年版，第1178页。

④ ［清］刘愚：《醒予山房文存》，卷3，同治元年刊。

⑤ 《（民国）乐昌县志》卷19，大事纪，《中国方志丛书·第184号》，成文出版社1967年版，第192页。

顺德县城因洪兵起义而导致米价昂贵，团练总局出资把常平仓的仓谷平价籴进来，作为储备用米。咸丰七年（1857），团练总局代替地方官府开仓放谷，并制定平籴章程，实行平籴价格。因为洪兵陷城导致损失大量仓谷，所以顺德团练总局为此买谷填仓垫付了近9万两。咸丰九年（1859），总局为县购入稻谷以补充仓谷。而且，团练局还在咸丰十一年（1861）向贡院及学府提供过修理经费。同治六年（1867），在顺德县城南流淌的碧鉴河已有30年之久没有疏通，顺德团练总局投资5.5万两进行峻渫。同年，总局拨款兴建了永济义仓。

此外顺德团练总局还承担起拆除石闸、疏通河道的事务。[①] 嘉庆年间，海盗首领张保所率的红旗帮经常对顺德县沿海村落进行骚扰。村民为了防止海盗登岸骚扰，在太平台外增筑拦海暗石闸。后来洪兵扰乱，村民更是增高石闸以御贼艘。然而，石闸的增筑经常导致下流阻碍，附郭田尽遭淹浸，导致农桑歉收。因此，经过顺德团练总局众位局绅的讨论，决定将石闸两旁开口挖深，并将闸外新筑坦坝一律毁拆，以畅河流而免淤塞。另外，因为旧寨乡因锹涌运泥，复在太平台水闸外堆积成坝，致碍河流，所以邑绅以地方利害攸关，商允旧寨乡绅雇工拆平如旧。

第二，向省局及中央财政的捐输。

向省局和中央财政的捐输这一点在顺德团练总局与顺德团防总局表现得相当突出，在某种意义上顺德团练总局与顺德团防总局是作为广东当局筹款机构而存在的。顺德团练总局捐输情况如下：

咸丰八年（1858），为广东团练总局筹集经费。

同年，开始为省局筹集"西北江年饷"。

咸丰十一年（1861），筹借"京仓米银两"（米捐）。

同治元年（1862），筹借"高州军饷"。

同治二年（1863），征收"京仓米本银两"。

同年，征收"高州、广海军饷"。

同治四年（1865），筹借"东江军饷"。

[①] 《（民国）顺德县志》卷6，经政，"禁令"，《中国方志丛书·第4号》，成文出版社1966年版，第102页。

同年七月，筹借"东北江军饷"。

光绪元年（1875），筹借"海防经费"。

光绪十年（1884），续征"海防经费"。

从咸丰五年到光绪十年（1855—1884）的30年间，顺德团练总局和顺德团防总局总共发生12次捐输，给省解送银两总额高达156万余两，其中有75万两是咸丰五年（1855）收复县城、顺德团练总局成立以后，筹集总局第一批启动经费时进行的。

第三，团练局内部人员的待遇，即局绅的薪水、团勇练勇的口粮，同时包括局内的司事酬劳、夫役、工金、阅勇赏犒、灶膳、篷厂、房租、心红纸张等一切杂费之用。

中法战争期间潮防方面，《又与潮州镇会诣各处查验炮勇察看海口各炮台及内河水道形势暨劝办各属团练禀》中提到，"现将鸥汀等三十八乡内挑出团勇一千名。每月小口粮及团长团副薪水均照鸥汀局发给，以为南北港炮台应援，并与崎碌炮台首尾相顾，以上团勇一千五百名。遇警接仗即照营勇大口粮发给。每局由官给旗帜、号衣、洋枪、抬枪军火"。①

光绪年间成立的顺德团防总局，辖下10区城乡共雇募精壮5000名，丁壮的口粮、军火以及局绅的薪水由团防局从沙捐中提留3成进行支发。② 另外，如果像炮台这样的防御工事缺乏兵弁驻守时，其辖区所在的团练局要调拨团勇进行驻守，其团勇的口粮与月薪按照守台兵员的待遇等额发放，其费用由团练局负责。例如咸丰七年（1857），顺德县添设竹围、神步两炮台，所缺驻守兵弁由顺德团练总局派勇负责，其中神步台20名，竹围台10名。每名驻守兵勇约需饷银3元，每台须各设管带一员，月薪6两。至新滘、太平两台，亦由邑局津贴银两，每月台官具状赴领。四台为县城锁阴，皆拨田产作长年经费。③

---

① 饶宗颐：《潮州志》兵防志，海防，附录，汕头：潮州修志馆1949年版。

② ［清］龙葆诚：《凤城识小录》卷下，"顺德团防总局始末"，广东省立中山图书馆、佛山市顺德区清晖园博物馆：《顺德历代文献选篇文丛》第一辑，世界图书出版广东有限公司，2020年版，第45页。

③ 《（民国）顺德县志》，卷2，建置，青云文社，见《中国方志丛书·第4号》，成文出版社1966年版，第38页。

第四，团练所需的军火、器械、旗帜等购置装备的费用，以及操练士兵所需的训练费用等。

光绪十年六月十三日（1884年8月3日），两广总督张之洞向民间发布的就捐办团告示中提到，"惟平时之操练器械，临事之口粮赏需，既非枵腹可以从公，亦非徒手可以集事。前者委员分往各县谕绅富捐输以充防饷，业经开办在案，原系量捐给奖，并无丝毫抑勒。闻各县慷慨乐输，大率皆捐有成效"①。

光绪十一年二月十五日（1885年3月31日），顺德团防总局调集10区分局团勇操演一次，四月又操演一次，两次只调百长、什长，团勇不调，这几次操演共花费捐银13万736两。② 同时在中法战争期间，顺德团防总局为了防备法国侵略者的侵扰，派人分赴陈村石岐买备洋药、铜箱等物件，前后动用银两近万。③

光绪二十八年（1902），广东番禺县制定了详细的团练章程。"团内制办军火、器械、旗帜、号衣、竹帽、灯笼，一切费用应归各乡自筹，或捐自殷户，或捐自各姓公款，就其力所能者，酌量捐助，毋得强行科派，亦不准违抗阻挠，致干查究。"④

第五，出力团勇、练勇的奖赏以及阵亡牺牲人员的抚恤。

中法战争期间顺德团防总局辖下第五区的水藤五乡公约团练章程，规定每一个入会的成员收费一厘，故称为"一厘会"，共收10万余份，团练组织中的捕盗、赏罚等费用支出由会员所交的银两中摊派扣除。⑤

光绪二十八年（1902），广东番禺县团练章程中规定，"如遇贼匪抢劫

---

① 《就捐办团示》（光绪十年六月二十三日），苑书义、孙华峰、李秉新：《张之洞全集》第6册，河北人民出版社1998年版，第4848—4850页。
② ［清］龙葆诚：《凤城识小录》卷下，"顺德团防总局始末"，广东省立中山图书馆、佛山市顺德区清晖园博物馆：《顺德历代文献选篇文丛》第一辑，世界图书出版广东有限公司，2020年版，第46页。《（民国）顺德县志》卷23，前事，《中国方志丛书·第4号》，成文出版社1966年版，第276页。
③ ［清］龙葆诚：《凤城识小录》卷下，"顺德团防总局始末"，广东省立中山图书馆、佛山市顺德区清晖园博物馆：《顺德历代文献选篇文丛》第一辑，世界图书出版广东有限公司2020年版，第46页。《（民国）顺德县志》卷23，前事，《中国方志丛书·第4号》，成文出版社1966年版，第276页。
④ 《广东番禺县钱明府所定团练章程》，《申报》1902年12月23日。
⑤ 《（民国）顺德县志》卷3，建置，《中国方志丛书·第4号》，成文出版社1966年版，第45页。

拒捕,被团丁当场格杀者,照律弗论。拿获解官究办者,酌给花红。或被贼拒捕致有伤亡,应由该乡筹款给恤,酌予医费,并照章由县局请恤,其有被劫已成,追获原赃者,应如何给赏,由绅耆自行酌定"。①

光绪三十二年(1906),顺德县江尾五堡联防公约团练章程中第4、5条"赏赉之法"和"医恤之法"就是针对出力的团勇和受伤甚至阵亡牺牲人员抚恤做出的规定。②

---

① 《广东番禺县钱明府所定团练章程》,《申报》1902年12月23日。
② 《(民国)顺德县志》卷3,建置,《中国方志丛书·第4号》,成文出版社1966年版,第46页。

第五章
办理模式与职能

第一节　办理模式

关于清代团练办理模式的讨论，崔岷从清代"团练大臣"设裁为线索，总结出清代团练从"官办"—"官督绅办"—"绅督绅办"—"官办"办理模式的演变。① 不过，崔岷提出的清代团练办理模式的演变却并不适用于清代广东团练，就清代广东团练的具体情况应当另作探讨。

所谓的"团练办理模式"（简称"办团模式"）就是团练领导者之间组织权与监督权的权责划分问题，即规定谁来领导团练组织、谁来对团练组织实施监督的问题。关于清代广东团练组织的办理模式主要有官督绅办、官办与绅办三种形式，其中官督绅办是清代广东团练的主要办理模式。

一、"官督绅办"

清代广东地区由官方主导的第一次办团行动开始于嘉庆十年（1805）。当时，华南海盗猖獗，时任两广总督的那彦成劝谕地方士绅组建团练、报充团总，并要求地方官对团练领导者的团总和团练的活动事项实施监督，据实奏报，予以奖惩。"州县印官不时亲自下乡查点。试验人数齐整者奖赏，抗玩不行者责惩。务使异党互相联络，首尾相应，如常山之蛇，果能齐心合

---

① 崔岷：《游移于官绅之间：清廷团练办理模式的演变（1799—1861）》，《史学月刊》2019年第7期。

力，擒魁杀贼，地方官据实禀报核其功之大小。团总或奏予职衔，或旌以匾额。共事出力之人，赏给银两，优示鼓励。倘邻村被劫，坐视不救，则团总、练长咎有难辞。或因号炮不明，则将卡勇责惩。"① 总督那彦成对办团中地方官与办团士绅的权责划分，是对广东团练"官督绅办"办理模式做出明确的规定，并为后来的办团者所沿用。

咸丰七年（1857），英法联军占据广州城，督抚二人成为英法联军的俘虏。咸丰八年（1858），朝廷谕令广东在籍户部侍郎罗惇衍、太常寺卿龙元僖、给事中苏廷魁三大绅为团练大臣，督办广东全省团练。② 罗惇衍、龙元僖、苏廷魁和广东众多地方士绅在广州府花县创建了领导广东全省团练的团练机构——广东团练总局。广东团练总局比以往广东团练组织的规格等级要高。朝廷一方面将广东团练大权交与罗、龙、苏三绅，另一方面又不断嘱咐三绅要"按兵不动"，静候新任两广总督到粤代为主持。③ 由此可见，即使在广东督抚被掳、无人主政的危急形势下，清廷仍然坚持"官督绅办"的办团原则。

光绪中法战争期间，两广总督张之洞将广东沿海防务划分成省防、琼防、廉防、潮防四大区域进行防守。四个区域各办团练，由总督张之洞总之，省防团练交由前太常寺卿龙元僖，前光禄寺卿黎兆棠，礼部右侍郎、侍读学士李文田，前户部郎中叶衍兰，前直隶大顺广道黄槐森，吏部主事麦宝常，江西抚州曹守秉濬，前甘肃兰州道曹道秉哲等众位士绅负责。④ 雷、琼两府团练交由前户部主事潘存士绅办理，前福建汀延邵镇总兵林宜华、前户部主事陈乔森帮同潘存筹办⑤。廉防方面钦州地区团练交由前广西提督冯子材任之。另外惠州府和潮州府海丰、陆丰、潮阳、揭阳、普宁、丰顺、兴宁

---

① ［清］章佳容安辑：《那文毅公两广总督奏议》卷11，沈云龙主编：《近代中国史料丛刊》第21辑，文海出版社1973年版，第1453－1455页。

② 《清实录》第43册，文宗显皇帝实录（四），卷243，中华书局1986年版，第759－761页。

③ 《清实录》第43册，文宗显皇帝实录（四），卷250，中华书局1986年版，第870－872页。

④ ［清］北洋大臣李鸿章与两广疆吏会衔合奏：《两广办理团练出力官、绅请奖片》（光绪十二年六月），顾廷龙、戴逸主编：《李鸿章全集》第11册，安徽教育出版社2008年版，第453－454页。《清实录》第54册，德宗景皇帝实录（三），卷195，中华书局1986年版，第776－777页。

⑤ 《会奏筹防琼州折》（光绪十年三月十二日），［清］彭玉麟：《彭玉麟集》上册，岳麓书社2003年版，第382页。

等县皆已陆续办成团练。① 此外，总督张之洞在四大区域分派官员筹办防务的同时监督该地区的团练情况，如省防由广东提督方耀负责，惠州府的防务由广东陆路提督蔡金章负责，琼州府防务由琼州镇总兵吴全美负责，雷州府防务由署雷琼道王之春负责，廉州府防务由高州镇总兵张得禄、总兵李起高、钦州参将莫善喜等人负责，潮州府防务则由惠潮嘉道张联桂、潮州镇总兵王孝祺等官员负责。在张之洞的部署之下，光绪中法战争期间的广东团练形成了典型的"官督绅办"办理模式。

光绪二十四年（1898），由于广东全省盗匪问题频发，朝廷授意办理广东全省团练。谕旨下达后，总督谭钟麟在广州城设立广东全省团练总局，招揽一批如邓蓉镜、潘衍桐、何荣阶、丁仁长等有名士绅主持团练总局工作。总督谭钟麟亲自坐镇广州监督团练总局工作情况，并向朝廷汇报进展。由此可见，直至清末光绪年间，广东团练一直延续着"官督绅办"的办理模式。

清代广东团练从创建之初就实施"官督绅办"的办理模式，这与同一时期白莲教起义期间中原地区团练的官办模式迥然不同。而且"官督绅办"一直是清代广东主要的办团模式，从嘉庆到光绪一百余年时间里几乎无多大的变动。

二、官办与绅办

清代广东团练的办理模式除了"官督绅办"的官与绅联合办团模式之外，还存在官办与绅办两种形式。这里的官办、绅办指的是官员或士绅独立办团的形式。"官督绅办"的办团模式更多对应的是标准型的组织建置，而官办则对应的是简化型之一，绅办可能对应的是简化型之三。"官督绅办"是清代广东团练的主要办团模式，官办与绅办在清代广东团练中属于特殊情况，比较少见。出现官办团练的情况与上文"简化型之一"出现的情况如出一辙。所谓的"绅办"的团练办理模式指的是没有获得官府认可，由士绅独立私自办理的团练，亦称为"私团"（与官员办团的"官团"相对应）。没有受官府监督的"私团"可能导致"黑团"的出现。而正如前文所述，没必要将清代团练类型划分为"官团"与"绅团"，因此，在此亦没必

---

① 饶宗颐：《潮州志》，潮州修志馆1949年版。

要对于官办与绅办两种较为少见的独立办团模式进行过多阐述。因为无论在官方还是士绅一方,清代大多数团练组织都奉行"官督绅办"原则。

第二节 组织职能

清代广东团练组织的职能,大致可分为靖乱平叛和社会管理两种。

一、靖乱平叛

当战乱肇起,官府单方面无力应对之时,地方士绅继而办团以自卫,进而协助官府戡平战乱,维护社会秩序的稳定。一般来说,社会动乱产生以后,由于官府的劝谕或民间的自发组织,团练才逐渐得以兴办,而在社会动乱平息以后,团练往往会存续一段时间,朝廷与官府借以维持社会秩序的稳定。

嘉庆以后的广东社会爆发了六次大型的社会动乱,由此引发了广东当局主导的五次大型办团行动。需要说明的是,清代广东团练在各个阶段中都历经了产生、发展和裁撤三个过程,并且由于各个阶段广东团练所要打击的对象及其承担任务的不同,各个阶段的广东团练之间彼此互不关联。

细数清代广东团练平定的内乱,既包括天地会起义、华南海盗活跃,也包括了土客械斗以及洪兵起义,广东团练对于这些内乱的平定似乎是无往不利、得心应手。而清代广东团练对于西方侵略者的对外斗争,却与清代同一时期其他省区的团练对外斗争行动有着同样的乏力与尴尬。虽然在两次鸦片战争中广东绅民组建团练与外国列强的侵略行动展开巧妙的周旋与积极的斗争,但是斗争的结果还是以清政府签订不平等条约、割地赔款、开放通商口岸的结局告终。清代广东团练在对外斗争中存在失利,一方面要归因于清政府的对外妥协,另一方面在对外斗争中清代广东团练之间缺乏相应配合亦是对外斗争失利的一个重要因素。例如光绪二十四年至二十五年(1898—1899)清政府对香港新界和广州湾的割让,引发两地民众自发组建团练,对英法两国殖民者的侵略行为进行激烈的斗争。虽然这两起事件的发生是由西方列强无理强占中国领土、侵害中国主权所引起的,同属于晚清中国的"外患"问题,但是由于缺乏朝廷与官府的主导与支持,两地团练组织也缺乏互相支援,陷入了各自为战的窘境,最终两地团练活动趋于失败。尽管如此,由广东绅民组建的团练在一系列的对外斗争中已经尽到该有的保家卫国的职责与义务。清代广东团练的对外斗争、反抗外来侵略成为其最为显著的发展特色。

二、社会管理

(一)社会治安管理

第一,"保良攻匪"。

清代广东团练除了在军事斗争中发挥着反侵略和平内乱的重要作用,还承担着维护地区治安管理的重要职责。办团士绅在一系列的团练活动中协助官府加强社会行政管理方面,"保良攻匪"是其重要体现。

"保良攻匪"是公约、公局作为官府认可的地方社会管理机构的一项重要职能。所谓的"攻匪"即是公约有权稽查本村乡中形迹可疑人员,并将认定为"匪"的人员送官究办;而那些被误判误拿的本村乡民,通过本乡公约在局士绅出具甘结,自证其清白,此为"保良"。无论是"攻匪"还是"保良",公约出具的文书都必须加盖官府办法的戳记作为凭证。除此之外,公约还有权处理一些除命案以外的小型司法案件,并可以调解邻里纠纷等民间矛盾冲突。

简而言之,"保良攻匪"是广东当局和地方官府授予类似公局、公约一类的团练组织,在社会行政管理方面针对盗匪一类案件的一种司法审判权力。团练组织必须拥有由官府颁发的"保良攻匪"戳记,才被视为合法组织,才能得以成立和运行。同时,"保良攻匪"戳记作为团总约绅对不法肇事者缉捕查拿的权力凭证。①

不仅是公局、公约一类的团练组织,鸦片战争期间以书院、社学为团练领导机构成立的团练组织也具有"保良攻匪"的社会管理职能。在鸦片战

---

① [清]黄恩彤:《粤东省例新纂》卷5,清道光二十六年(1846年)藩署刊本,中山大学图书馆馆藏。

争以前，广东的社学、书院仍然保留着教习文章及推行教化的两项主要职能。鸦片战争以后，社学、书院这两项职能逐渐淡化，社学在士绅的领导之下逐渐变成组织军事及地方行政、司法的行政机构。民国重修的《花县志》就指出这种变化的普遍性："查考今本邑之书院社学，其延师讲艺者，时作时辍，近来各乡重罹兵贼，多为练团防御保良攻匪之地，而延师课艺者，十无其二。"①

为了对匪徒及其党伙形成足够的震慑效果，朝廷和地方官府允许团练局无须经过审判程序即可对极端恶劣的"扰乱者"实施"就地正法"。在清剿洪兵余匪过程中，各地团练局和总督叶名琛所"就地正法"的匪徒数量令人咋舌。

第二，缉捕盗匪。

位于基层的团练局以防卫为主要职能，在官府的监控之下掌握了一定规模和训练的常设或半常设的武装。清朝统治者不允许存在跨州县级别的大型团练，因此一般团练组织的规模只限于县级以下，并配备有数十至百余人的团勇练丁以为防卫之资。这些团勇练丁不仅承担防卫地区的职责，而且时常被官府抽调，完成一些缉捕事务。

例如同治五年（1866），广宁知县杜凤治带队下乡石狗墟缉捕著匪"谢单只手"一事。据称，绰号"谢单只手"的著名巨匪在石狗墟犯案多起，屡屡拦截往返船只，讹索银物，彰明勒诈，毫无顾忌。因此，杜凤治下乡缉捕"谢单只手"时，程村士绅职员伍蕃昌、秦岚士绅军功黄国芳"各有壮勇五十名候调遣"②。另外饬令文通书院陈天宠为首诸绅增派四五十名团勇，以加强防御③。

在整个行动中，杜凤治所率的兵勇虽不曾与"谢单只手"交手，但曲水铺士绅所率领基层练勇击败抢匪，并轰毙1名抢匪，俘虏了3名抢匪，解

---

① 《（民国）花县志》卷5，学校志，书院社学，广东省地方史志办公室辑：《广东历代方志集成·广州府部》第47册，岭南美术出版社2007年版，第328页。
② ［清］杜凤治：《望凫馆宦粤日记》（手抄本），同治六年七月初五日，广东省立中山图书馆、中山大学图书馆编：《清代稿钞本》第10册，广东人民出版社2007年版，第145－146页。
③ ［清］杜凤治：《望凫馆宦粤日记》（手抄本），同治五年十一月十九日，广东省立中山图书馆、中山大学图书馆编：《清代稿钞本》第10册，广东人民出版社2007年版，第98页。

交杜凤治审讯勘查。① 可见，官府在兵勇缺员的情况下，调用团勇练丁以协助完成缉捕任务，以维持治安。此外，不仅缉捕一事，地方上的防卫、调查、羁押、拘传、初审、解送等许多事项皆由团练组织承担。维持社会治安大概是官府对于团练组织最为依靠、责成最重的一项内容。

清末广东盗匪问题频发，各地团练局成为官府治理盗匪问题所倚重的专门机构，由官方主导的"清乡"行动更是需要各地方团练组织的全力支持和密切配合才能得以推行。可见在治理盗匪问题上，团练组织在协助官府加强社会管理方面具有的重要地位。

（二）调解民间纠纷

如果用今天"诉讼法"的观念去看待清朝的审判制度，清朝法律条文明确规定最低层级的审判机关是州县衙门，只有州县官才有权听讼。但不少学者注意到，清代许多民事纠纷并不由官府进行审判，更多的是由宗族、保甲、乡约等处进行调解和处置。② 光绪二十一年（1895）广州城河南地区大塘乡、龙潭村两村械斗，河南地区的乡局士绅出面为之调解。③ 光绪二十七年（1901），广州城南客村、大塘乡两乡快要发生械斗前，南洲局各绅出面代为调和，极力化解两村矛盾。④ 光绪二十九年（1903）广州城南发生大规模的联村械斗事件，南州局绅随同地方官员前往弹压、调和。⑤ 在杜凤治的日记中也可以看到大量涉及田土、钱债、斗殴、婚嫁、家族、坟山之类的民事纠纷。按照清朝法律规定，受理词讼的应该是州县官，但很多情况下官府则将此类案件交由团练局处理。当事人如果直接向州县衙门提起诉讼，则会被视为越级诉讼。可见，团练组织成为州县衙门下一级的司法机关。

---

① ［清］杜凤治：《望凫馆宦粤日记》（手抄本），同治五年十一月十九日，广东省立中山图书馆、中山大学图书馆编：《清代稿钞本》第10册，广东人民出版社2007年版，第96-97页。

② 郑秦：《清代司法审判制度研究》，湖南教育出版社1988年版。梁治平：《清代习惯法：社会与国家》，中国政法大学出版社1996年版。吴吉远：《清代地方政府的司法职能研究》，中国社会科学出版社1998年版。黄宗智：《民事审判与民间调解：清代的表达与实践》，中国社会科学出版社1998年版。黄宗智：《清代法律、社会与文化：民法的表达与实践》，上海书店出版社2001年版。黄宗智：《法典、习俗与司法实践：清代与民国的比较》，上海书店出版社2003年版。

③ 《弹压械斗》，《香港华字日报》1895年7月27日。

④ 《几酿械斗》，《香港华字日报》1901年5月17日。《息争赔款》，《香港华字日报》1901年6月26日。

⑤ 《乡斗详述》，《香港华字日报》1903年6月4日。

民间租佃纠纷是经常发生的事,有实力的士绅自可以依靠本身势力迫使佃农交租,但是中小地主遇到欠租,若走诉讼一途,催回的租金很可能弥补不了打官司的费用。对于租佃纠纷,地方官吏通常也会交由宗族组织或团练公局进行处置,或根据公局士绅的禀复做出裁决。且中小地主与佃户的欠租纠纷,数额一般不会太大,属于"钱债细故",多数会在宗族组织、团练公局内部解决,无须告到地方衙门。

无论按照当时还是今天的法律观念,公局局绅的处理均非法定审判,只是接受知县的"谕饬"对纠纷进行调解。但是团练公局对于案件处理结果有一定的强制性,各级公局俨然成为调解、审判的一个权力机关。知县以"谕饬"的方式委托公局调查、调解、处理案件,局绅必须遵照执行,不可推卸。如同治十三年(1874),罗定州枫梢寨梁宽杀妻一案,梁姓绅耆、族老无人愿意出头做证。杜凤治命局绅黄亨衢"作函与该处及附近村庄各绅耆即速来秉公据实禀明,以便提犯研讯,如再观望不前,请将各绅耆姓名开来,本州按名严传,自取扰累"①。黄亨衢立即作函叫各绅按知州所谕共禀。由此亦看出,团练组织的办团士绅事实上已拥有民事案件甚至部分刑事案件的调查、调解、仲裁、初审(甚至讯结)等"合法"权力。

(三) 协助官方征税

珠江三角洲沙田区域是清代广东最为富庶的经济区域,不少团练组织皆插手对沙田区域的管理。例如最为典型的管理"东海十六沙"的顺德团练总局。除了顺德团练总局,东莞县士绅通过设立东莞明伦堂而对县内沙田区域实施控制。东莞县士绅最初都参与了道光年间鸦片战争期间的团练运动。第一次鸦片战争刚刚结束,官府就以给养虎门炮台的名义向东莞明伦堂提供一笔巨额补助,以便开发沙田。官府不仅授权东莞明伦堂开发俗称"南沙"的沙田,还让它染指南沙附近的"万顷沙"。② 由于这些沙田与香山县接邻,东莞、香山两县士绅最初就开发沙田问题产生纠纷。道光二十五年(1845)

---

① [清]杜凤治:《望凫馆宦粤日记》(手抄本),同治十三年八月十八日,广东省立中山图书馆、中山大学图书馆编:《清代稿钞本》第16册,广东人民出版社2007年版,第130页。
② 叶少华:《东莞明伦堂》,广东省政协文史资料研究委员会:《广东风情录》,广东人民出版社1987年版,第125–129页。

双方妥协，纠纷告一段落。①之后，东莞明伦堂不断购买沙田，并在县衙门登记沙田，因而扩大其名下的沙田面积。领导东莞明伦堂的不是个人，而是一群士绅，他们都是来自东莞县内的望族。道光年间，他们在东莞县建立了相当稳固的社会网络，也颇得官府支持。

在史学研究以外的人群心目中，可能以为清朝官吏主要逼迫农民（庶民）纳粮，但实际上清朝是以田土、业主为对象进行征粮，而不管其业主身份。虽然很难找到有关清代庶民、士绅分别占有土地比例的史料，但就常理而言，士绅一般会比庶民拥有更多的土地，尤其是在广东捐纳门槛低，有钱的庶民不难捐个虚衔。清朝对士绅并无钱粮豁免的优待。因此，州县地方官征粮的对象亦包括士绅。在杜凤治的日记记载中，州县官吏催征对象主要是士绅，而且士绅还经常责成催征一族、一村的钱粮。杜凤治任官的所有州县，都会谕令、逼迫士绅协助催征钱粮。例如他到任广宁时则立马传见士绅陈天宠、严凤山等人，谕令其催征曲水铺新旧银米②，又谕令局绅严凤山催征石狗墟钱粮③。到附城一带催征时，又先后召见秀才杨宝珊、杨作骧，要求二人将大雾寨一村银米10天内完纳。④由此可见，团练组织俨然成为官府用于征收钱粮的"催款"工具。

团练组织还有整饬民风民俗的功能。如宣统元年（1909），潮阳保安局鉴于有巫婆借神渔利、诱骗妇女等事，于是贴公启一则，提醒当地居民切勿上当受骗，且鼓励各铺户、居民告发，以协助官府缉拿。⑤

此外，团练组织还负责管理粮仓，遇灾时实施救济，修筑城墙、道路，疏浚河道等其他社会事务。

---

① 黄永豪：《土地开发与地方社会——晚清珠江三角洲沙田研究》，文化创造出版社2005年版，第41-43、71-78页。
② ［清］杜凤治：《望凫馆宦粤日记》（手抄本），同治五年十一月廿二日，广东省立中山图书馆、中山大学图书馆编：《清代稿钞本》第10册，广东人民出版社2007年版，第99页。
③ ［清］杜凤治：《望凫馆宦粤日记》（手抄本），同治六年七月十七日，广东省立中山图书馆、中山大学图书馆编：《清代稿钞本》第10册，广东人民出版社2007年版，第167-168页。
④ ［清］杜凤治：《望凫馆宦粤日记》（手抄本），同治六年十月十一日，广东省立中山图书馆、中山大学图书馆编：《清代稿钞本》第10册，广东人民出版社2007年版，第312页。
⑤ 《潮阳保安局禁巫婆公启》，《中华新报》1909年1月27日。

下编 清代广东团练活动

　　下编部分将对清代广东团练活动情况进行探究，主要划分为四个阶段，即嘉庆年间、道光年间、咸丰与同治年间、光绪与宣统年间，以进一步明晰清代广东团练活动的发展状况。

第六章
嘉庆年间广东团练活动

清代嘉庆以前的广东团练早已存在于民间，其具体出现的确切时间已无法考证。清中期以后，随着社会动乱的不断加剧，广东团练活动日渐频繁，继而形成一波又一波且规模不一的团练活动。嘉庆七年（1802），广东惠州府爆发了天地会起义，此间官府与地方团练联合对天地会起义军实施打击。嘉庆八年（1803），广东当局平息惠州府天地会起义。嘉庆七年至八年（1802—1803），广东团练协助官府平息天地会起义，是广东团练活动的先声。嘉庆九年（1804），华南海盗日益猖獗，对广东沿海地区的社会稳定形成严峻挑战，由此在广东当局主导下，广东地区开始第一次大规模的团练活动，历时7年（1804—1810）。

第一节 嘉庆七年至八年（1802—1803） 广东天地会起义与广东团练活动

一、嘉庆七年至八年广东惠州府天地会起义

天地会是民间的秘密结社，最初原为自卫互助的团体，不带政治色彩，后来为了适应反抗清政府镇压的需要，才提出"复明"的口号，发展成为反清复明的政治组织。据考证，乾隆二十六年（1761），天地会创立于福建，随后传入广东，并日益发展壮大。① 天地会成员复杂，有农民、手工业

---

① 秦宝琦：《清前期天地会研究》，中国人民大学出版社1988年版，第102页。

者、商贩、雇佣劳动者、穷困的知识分子和没有固定职业的游民。他们家境贫苦，常受官府的压迫和地主富豪的欺凌。天地会团结互助、自卫抗暴的宗旨正符合他们的需求。乾隆六十年（1795），南海县民何得广等5人，发起组织天地会，吸收乡民一百人为会员，在南海石湾的山地举行结盟仪式。因为这次结拜由五人发起，故称之为"五顺堂"。①

嘉庆初年，广东已有20多个州县建立了天地会组织。广东天地会组织分布零散，互不统属，一般每个组织约有100人，仅有惠州府的博罗和永安两县的天地会组织聚集成千上万人，因此这两地也成为嘉庆年间天地会起义的核心区域。嘉庆七年（1802），两广总督吉庆报告称，归善、博罗共有会匪一两万人，仅博罗匪徒曾鬼六勾结永安匪徒曾清浩、官粤陇等人就于大钟岭地方拥出数千人抗拒官兵②。

诚然，清中期广东天地会的兴起与当时人口增长、土地兼并严重等恶劣的社会环境相关，但为何惠州府的博罗和永安两县会聚集如此大规模的天地会会众，成为嘉庆广东天地会起义的肇发之地？③ 实际上，这次天地会起义不只是民间秘密会社的一次反清斗争，也是广东地区土客之间的一场械斗。④ 嘉庆七年惠州府的天地会起义包含着双重的社会矛盾：一是移居的客家人由于受到地方官吏残酷压迫而产生统治者与被统治者之间的矛盾；二是广东地区原著居民（土民）与客家移民（客民）之间争夺生产资料、生存资源产生的矛盾。可以说这次天地会起义也是天地会反清团体利用"土客矛盾"进行的一次造反行动，其间客民利用了如天地会这样的秘密会社，加强客民之间的联结，组成对土民斗争的利益共同体。

嘉庆七年（1802），那彦成在其奏折中揭示了天地会与客民之间的联

---

① 庄吉发：《清代天地会源流考》，故宫博物院1981年版，第79页。
② 《内阁学士那彦成奏永安等三县添弟会起事缘由折》（嘉庆七年十二月十六日批 军录），中国人民大学清史研究所、中国第一历史档案馆编：《天地会》第7册，中国人民大学出版社1988年版，第98-99页。
③ 关于清中期人口增长与土地兼并严重问题促成天地会在广东地区复兴，雷冬文在其《嘉庆年间天地会在广东复兴的社会根源》（《广东社会科学》2001年第1期）一文中进行探讨。
④ 吴昌稳：《郭嵩焘与晚清广东土客大械斗》，《神州民俗（学术版）》2012年第1期，第29页；刘平：《被遗忘的战争——咸丰同治年间广东土客大械斗研究（1854—1867）》，商务印书馆2003年版，第60-67页。刘希伟：《清代人口流动背景下的教育机会冲突问题——关于土客学额之争的考察》，《社会科学战线》2013年第3期。

系："粤省民人多聚族而居，其客籍寄居者均系无业游民，性复犷悍，聚党成群，遂结为天弟会。遇事互相帮助，会内亦间有本处之人，而系客籍者十居八九。"① 清代各省的天地会皆有别称，例如福建的一钱会、边钱会、小刀会，台湾的父母会、铁鞭会、小刀会、添弟会、雷公会等。在广东，当时"添弟会"常用作天地会的代名词。②

那彦成在其奏折中又指出"窃查永安会匪滋扰，起于土客相仇"③。而土客不和的原因在于客民与土民耕种田地、抢夺水利等事情，客民势单力薄，外有胥吏滋扰，渐次烂崽讼棍混入其中，遂加入天地会，结成团结互助的利益共同体。④

此次天地会起义地点的惠州府博罗、永安两县属于偏远的山区，那里的居民多半是客家人。在这些客家族群迁入惠州时，惠州原有的居民已经占据了较为肥沃的土地，所以这些后来的移民，只能居于较为贫瘠的土地上。斗转星移，客家族群的人口逐渐增长，村落渐次膨胀，与本地人的接触也日渐频繁。在18世纪末至19世纪初，由于土地及相关生存资源渐趋紧张，当地频繁发生暴力冲突事件和大规模的械斗。当时地方官府不断上报朝廷关于当地人（土民）与客家群体（客民）之间的冲突。客家及本地族群各自组织自己的群众，建立带有武装力量的社群组织，双方互持刀剑枪械等民间武器在这些冲突中进行械斗。18世纪末广东的连年干旱导致粮价腾贵，使得双方的关系更趋恶化，于是在惠州府的这片区域暴民四起、流民遍地。大量事实证明，在嘉庆广东天地会起义前夕，惠州府已然处于一个动荡不安的社会

---

① 《内阁学士那彦成奏永安等三县添弟会起事缘由折》（嘉庆七年十二月十六日批 军录），中国人民大学清史研究所、中国第一历史档案馆编：《天地会》第7册，中国人民大学出版社1988年版，第97页。

② 梁庚尧：《中国社会史》，东方出版中心2016年版，第387-389页。

③ 《内阁学士那彦成奏察看永安拆毁山寨等情形折》（嘉庆八年正月三日批 军录），中国人民大学清史研究所、中国第一历史档案馆编：《天地会》第7册，中国人民大学出版社1988年版，第105页。

④ ［清］章佳容安辑：《那文毅公两广总督奏议》卷11，沈云龙主编：《近代中国史料丛刊》第21辑，文海出版社1973年版，第1417页。《两广总督吉庆奏地方宁谧及搜拿招抚等情折》（嘉庆七年十月十三日批 军录），中国人民大学清史研究所、中国第一历史档案馆编：《天地会》第7册，中国人民大学出版社1988年版，第40页。

环境。①

客家族群由于是后来迁入者，在惠州当地属于少数族群，所以所有客家人自成一群，形成一个以宗族、血缘、地缘为纽带的民间社会组织形态，以共同保护客家群体的利益为宗旨。当客家人（客民）与本地人（土民）之间的利益产生冲突，这个族群组织便会介入。在惠州府客籍居民组成的社区组织被称为"天地会"或"添弟会"，并分为白旗和红旗，白旗的会众以素食主义为主，并诵念佛号。除客家族群组织有社群组织之外，本地人在本乡士绅的领导之下也聚众成立类似民兵的武装组织，以抗拒客民群体带来的威胁，他们成立的社群组织称为"牛头会"。牛头会由当地士绅富户建立，目的是与当地客民组成的天地会相抗衡，因为参加者要依拥有的耕牛数量缴纳会费，故取此名。这些当地不同势力的团体冲突日盛，进而演变成嘉庆七年（1802）归善县的暴动事变，影响至邻近的数个乡里。当时的两广总督吉庆率8000名兵丁前往剿乱，并联合当地土民组建的团练组织（牛头会）打击以客民为主的天地会。②

二、官府与地方团练共同平息天地会起义

嘉庆七年（1802），天地会首领陈烂屐四在惠州府博罗县羊屎山聚集了一批以客民为主体的天地会会众，约有万余人，并公开树旗起事。博罗县的天地会起义军首先攻击的对象并不是当地官府衙门或清军驻军基地，而是选择惠州府原住居民（土民）聚居的土瓜圩、刘家围等村庄作为首要攻击目标。然而，博罗县的天地会起义旋即失败，天地会首领陈烂屐四在逃往增城的路上被清军俘获。③ 在广东其他州县，加入天地会的客民将攻击对象选定为土著居民聚集的稔山等地方，对当地的村庄进行劫掠。面对客民的突然袭击，土民一方面将事情经过禀明官府，请求官府援助，另一方面迅速组建团

---

① 广东省地方史志编委会办公室、广州市地方志编委会办公室：《清实录广东史料》第3册，广东省地图出版社1995年版，第203、230、368、483页。
② 秦宝琦：《清前期天地会研究》，中国人民大学出版社1988年版，第295-302页。
③ 《广东巡抚瑚图礼复奏吉庆查办天地会情形折》（嘉庆七年十二月初六日批 军录），中国人民大学清史研究所、中国第一历史档案馆编：《天地会》第7册，中国人民大学出版社1988年版，第84-85页。

练牛头会来应对客民武装组织的军事挑衅。① 但是陈亚本、蔡步云等人尚未起事,其起事消息却被官府侦知,受到官府追捕、查拿,旋即被捕。②

同年八月,天地会首领官粤陇在惠州府永安县发动起义。然而细究这场起义的根源在于土客民之间不和。原本打算起义的官粤陇在看到博罗天地会起义失败后,遂打消了起义的念头,想率领天地会会众与官府合作,充当乡勇并一起镇压其他州县的起义者。这一消息传到当时与客民敌对的土民那里,当地土民率先向当地府衙控告客民的种种不法之事,阻挠客民与官府的合作。永安天地会首领官粤陇在投诚无路的情况下率众对土民所在的牛头会展开一系列的报复行动,抢夺并烧毁牛头会会首蓝监生、张监生的房屋,继而树旗起义围攻县城。③ 同年十月,广东水师提督孙全谋统率清军围攻起义军,最后官粤陇、赖东保等天地会首领相继投降。④

永安天地会失败之后,当地土民借助官府与牛头会的势力对客民展开报复,客民出于自卫遂利用天地会的力量与之对抗,双方的械斗一触即发。为了防止事态进一步扩大而酿成不可收拾的局面,当地官府派遣官员对天地会起义者实施招抚,陆续有九十余个山寨同意接受招安,唯有铁笼嶂山寨所在的天地会起义者拒绝接受官府的招抚。嘉庆八年正月(1803年2月)受命剿灭叛贼任务的那彦成决定采用强攻方式,最后天地会起义者大败,首领曾六鬼、温亚利等人逃脱。

嘉庆七年至八年(1802—1803)天地会起义事件的性质应该是客民借用天地会起义的外衣对土民进行的一场械斗,其间土民与客民各自组建团练

---

① 《内阁学士那彦成奏永安等三县添弟会起事缘由折》(嘉庆七年十二月十六日 军录),中国人民大学清史研究所、中国第一历史档案馆编:《天地会》第7册,中国人民大学出版社1988年版,第97页。

② 《内阁学士那彦成奏永安等三县添弟会起事缘由折》(嘉庆七年十二月十六日 军录),中国人民大学清史研究所、中国第一历史档案馆编:《天地会》第7册,中国人民大学出版社1988年版,第98页。

③ 《广东提督孙全谋奏剿办博罗永安天地会事宜折》(嘉庆八年正月初三日 军录),中国人民大学清史研究所、中国第一历史档案馆编:《天地会》第7册,中国人民大学出版社1988年版,第108-109页。

④ 《两广总督吉庆奏将曾清浩等酌量安插释宁折》(嘉庆七年十一月初六日 军录),中国人民大学清史研究所、中国第一历史档案馆编:《天地会》第7册,中国人民大学出版社1988年版,第62-63页。

展开激烈的攻杀。而官府的态度则是对事件的肇事者进行严惩,调兵遣将并联合土民组建的团练(牛头会)对天地会起义军进行联合剿杀。这场由客民领导的天地会起义在官府与土民的联合剿杀下最终被平定。

嘉庆七年至八年(1802—1803)的天地会起义促成了清代广东的地方办团,是广东团练活动的先声,此时的广东团练组织是作为官方辅助军事力量的身份登上历史舞台的。在平定天地会叛乱期间,广东各地许多士绅雇募乡勇,组建团练,配合官军打击天地会起义,为稳定地方秩序做出一定的贡献。此时的广东团练是属于地方士绅领导、民间自发组建,当官府意识到这种民间军事力量存在之时,便迅速行动对其进行收编拉拢,使其成为官方的军事辅助力量。官方对地方团练的态度显然是谨慎小心的。官府除了将剿灭叛乱的军事领导权紧紧掌握在手中之外,当意识到土客械斗的局势可能出现失控之后,便迅速向民间发布告示,劝诫客民莫再加入天地会,同时取缔土民成立的牛头会组织,劝诫土民不要组建牛头会。① 因此,官府既要利用团练这种民间武力组织,使其成为平定叛乱、维护政权统治的有力助手,又要防范民间武力组织的潜在危害。

第二节 嘉庆九年至十五年(1804—1810)华南海盗与广东团练活动

一、嘉庆九年至十年华南海盗的治理与兴办团练

嘉庆年间的华南海盗问题与当时中原地区的白莲教起义威胁清政府的政权统治相似。"当教徒发难于西北骚动之际,而东南沿海,有海贼之乱,其

---

① 《谕署两广总督瑚图礼等晓谕博罗等县民不得私立牛头会》(嘉庆七年十二月十六日 上谕档),中国人民大学清史研究所、中国第一历史档案馆编:《天地会》第 7 册,中国人民大学出版社 1988 年版,第 102 页。[清]章佳容安辑:《那文毅公两广总督奏议》卷 11,沈云龙主编:《近代中国史料丛刊》第 21 辑,文海出版社 1973 年版,第 1417 – 1422 页。

剧烈盖亦不下于剿匪。"① 清代华南海盗肇起于乾隆三十五年（1770），到了嘉庆初年，海盗势力大炽。嘉庆初年，广东海盗通过订立《公立约单》组成联盟，形成红、黑、白、蓝、黄、绿六大旗帮海盗集团。② 海盗不断对广东沿海及内河的民众进行骚扰劫掠，朝廷虽出动巡艇进行追捕，但官兵缉捕不力，收效甚微。③ 当时官兵不仅对海盗缉捕不力，而且还出现部分官兵勾连海盗、接济海盗物资的情况。嘉庆九年（1804），万山西炮台把总罗明亮因私通海盗、接济盗粮被嘉庆皇帝斩首示众。④ 官与盗相勾连彻底令广东沿海绅民不安，于是，广东沿海地区绅民自行组成团练，保卫家园。

嘉庆九年至十年（1804—1805），两广总督那彦成采用剿抚并用的手段对入侵广东沿海地区的海盗实施打击。清代广东海防分东、中、西三路海域对海盗进行防控。⑤ 当时东路海域有郑流唐、朱渍、林亚发、郑亚鹿、黄正嵩、袁亚明以及潮州六帮等海盗帮派。总督那彦成采取"严断接济"与"兴办团练"等措施，严格封锁海岸，切断海盗与陆上居民的联系，致使海盗日益困窘，出现内讧情况。⑥ 嘉庆十年（1805），两广总督那彦成向沿海士民颁布了劝谕组建团练的告示。至此，清代广东第一次大规模团练活动正式开始。

    示为劝谕沿海士民举行团练以卫身家事。照得海洋盗贼窟藏岛屿，出没波涛，历为边患。旧制因奸民与贼勾通接济，将沿海数千里立界荒弃。圣祖仁皇帝俯念民艰难特此弛禁，百姓得以开垦居住。百数十年海

---

① 萧一山：《清代通史》第二册（中卷），中华书局1986年版，第335页。
② ［美］穆黛安：《华南海盗：1790—1810》，刘平译，中国社会科学出版社1997年版，第68-69页。顺德市地方志办公室点校：《顺德县志》（清咸丰、民国合订本），中山大学出版社1993年版，第650页。
③ ［清］程含章：《上百制军筹办海匪书》，贺长龄主编：《皇朝经世文编》卷85，沈云龙主编：《近代中国史料丛刊》第74册，文海出版社1973年版，第3064页。
④ 广东省地方史志编委会办公室、广州市地方志编委会办公室：《清实录广东史料》第3册，广东省地图出版社1995年版，第299-300页。
⑤ 广东省地方史志编委会办公室、广州市地方志编委会办公室：《清实录广东史料》第3册，广东省地图出版社1995年版，第228页。
⑥ ［清］章佳容安辑：《那文毅公两广总督奏议》卷11，沈云龙主编：《近代中国史料丛刊》第21辑，文海出版社1973年版，第1673-1674页。

埂之上鸡犬桑麻尽成乐土，衣冠文物无异名都。本部堂抚兹丰盈之象，弥殷保乂之怀，因念各营汛星罗碁布，固足捍卫地方，但地广戍稀，兵之卫民不如民之自卫。查团练一法本古人寓兵于农遗意，果能实力兴行，则对宇望衡者皆成劲旅。鸣锣一响，秉锄荷耒，即为磨剑拥盾之众，防守村庄最为便当。村庄中非一家一姓之人，则性情各异，无用赏用刑之柄，则号令不行，必须立定章程，坚明约束。其中读书明理之绅衿，公正服众之耆老，尤须开导愚民使知。本部堂昼夜焦劳，多方布置，皆只为尔闾阎。试思贼情诡秘，防惟稍疎，尔民庐舍为贼所焚，老弱为贼所裹，奔走仳离，后悔何及。若心中利害既明，自不踊跃从事。且现在勾结之禁既严，接济之奸浸少，贼匪渐次穷蹙，则扑岸掠食，抢劫村庄，尤事情所必有。沿海一带港港相接，路路可通，炮台塘汛仅能自守。驰报大营未免缓不济事，不得不亟团练，用资捍卫，合行出示，剀切晓谕。为此晓谕滨海州县各地方士民等知悉。①

那彦成发布告示劝谕沿海士民举行团练，告示中指出了目前"如广州之佛山、新会之江门、高州之梅菉、雷州之赤坎、顺德之容桂、陈村等乡人烟稠密，赀货充裕，均为贼匪垂涎"，命令"各口岸设有文物员弁者迅宜仿照鼓励绅士商民设法筹办，如有未设有官弁，则现在保举之绅耆即系地方公举，自为地方所服从，保护梓里尤属义不容辞"。② 那彦成在告示中指出了只有"兴办团练"与"断接济"互为补充，"向来盗匪全恃岸匪沟通接济米粮以资糊口，近日各处口岸稽查严密，不能稍有透漏。盗匪无以自养，争思上岸掳掠。沿海袤延数千里，一时兵力势难兼顾，不得不藉居民之团练共为地方堤防之计"。③

那彦成的"兴办团练"与"严断接济"，在治理华南海盗问题上取得了

---

① ［清］章佳容安辑：《那文毅公两广总督奏议》卷11，沈云龙主编：《近代中国史料丛刊》第21辑，文海出版社1973年版，第1452–1453页。
② ［清］章佳容安辑：《那文毅公两广总督奏议》卷11，沈云龙主编：《近代中国史料丛刊》第21辑，文海出版社1973年版，第1452–1453页。
③ ［清］章佳容安辑：《那文毅公两广总督奏议》卷11，沈云龙主编《近代中国史料丛刊》第21辑，文海出版社1973年版，第1465页。

一定的成效。嘉庆十年（1805），广东东路海域的海盗出现了内讧，郑亚鹿帮因在放鸡洋得 8000 两银，被朱渍夺走，故集合船队报复，大战于南粤洋面，损失战船数只，再被海门营乘势追剿，最后郑亚鹿本人被官军俘获并斩首，其所在的海盗旗帮被官府消灭。①"南天王"朱渍处境鉴于粮食日缺，"改乘小艇逼岸死斗"，潮州知府朱尔赓额组织团练，又亲率兵勇接战，力挫其锋，朱氏唯有结束粤东活动，起碇转赴台湾。② 朱氏接受那彦成的招抚，帮助那彦成先后抚平黄茂高、许云湘、王腾魁、杨胜广、黄德东及关兆金等部。故而招抚政策在海盗中引起一系列反应，九月，另一海盗大帮林亚发等乡当局投诚。③ 最后黄正嵩亦有意投诚，那彦成令其截杀其他海盗以证真心，黄氏遂突袭郑流唐帮。郑流唐遂向西路海域的海盗求救，纠合亚婆带、郑保养等帮，与黄正嵩对攻，结果战败，黄氏再于十月投诚，那彦成亲往受降。④ 郑流唐虽参与海盗的联盟，但此时势孤力单，最终也向当局投诚，广东东路海域的海盗皆平。然而，那彦成因为对海盗实施招抚政策引来诸多非议，被当时广东巡抚孙玉庭参劾而黯然离职⑤。

二、嘉庆十四、十五年广东团练与海盗的斗争

嘉庆十五年（1810），大规模的广东海盗旗帮最终被平定，此后虽有小规模的海盗活动，也不如之前那样猖獗、剧烈。因此嘉庆十四、十五年是朝廷与广东当局治理广东海盗问题较为关键的年份。在这两年的时间里，官民联合与广东海盗旗帮进行了最后对决，同时广东海盗集团由盛转衰，并迅速走向崩溃。

---

① ［清］章佳容安辑：《那文毅公两广总督奏议》卷 11，沈云龙主编：《近代中国史料丛刊》第 21 辑，文海出版社 1973 年版，第 1550 – 1551 页。
② ［清］包世臣：《朱尔赓额行状》，［清］李桓：《国朝耆献类征初编》第 33 册（卷 213），明文书局 1985 年版，第 55 – 56 页。陈启汉：《清代乾嘉时期朱渍海上起事考辩》，《广东社会科学》2010 年第 3 期，第 109 – 111 页。
③ ［清］章佳容安辑：《那文毅公两广总督奏议》卷 11，沈云龙主编：《近代中国史料丛刊》第 21 辑，文海出版社 1973 年版，第 1675 – 1682、1732 – 1741 页。
④ ［清］章佳容安辑：《那文毅公两广总督奏议》卷 11，沈云龙主编：《近代中国史料丛刊》第 21 辑，文海出版社 1973 年版，第 1777 – 1787 页。
⑤ 中国第一历史档案馆：《嘉庆道光两朝上谕档》第 10、11 册（嘉庆十年十月二十二日，嘉庆十年十一月十一日，嘉庆十一年初九日），广西师范大学出版社 2000 年版，第 645 – 648、695 页。

嘉庆十四年（1809），张百龄就任两广总督，上任伊始就解决粤洋海盗问题悬牌令军民献策。① 一时间广东各地的大小官吏和地方士绅都踊跃建言献策，如顺德县士绅温汝适认为要断绝海盗补给，防范海盗登岸劫掠则必行保甲、团练，"使乡自编查，则接济自绝""沿海台兵因分见少，必随乡大小自卫团练，使与台汛互为声援""宜择要隘添设碉楼"。②

由于官方在广东沿海地区实施了"严断接济"，有效切断了海盗的陆上补给，因此觉得补给无望的华南海盗开始登岸劫掠，主要集中于广州府的番禺、香山、顺德等县。嘉庆十四年（1809），广东东路海域的海盗基本被平定，所剩只有中路海域的郑一嫂和张保仔的红旗帮与郭婆带（郭学显）的黑旗帮，西路海域的乌石二、李尚青、吴知青、东海霸等四股海盗。③ 七月，郑一嫂、张保仔的红旗帮与郭婆带的黑旗帮两大海盗帮派对广州府诸县进行掠夺。嘉庆十四年（1809），张保仔骚扰的足迹最广，遍及广州府南海（今佛山南海区）、番禺、增城、新宁（今广东台山）、新会（今广东江门）、香山（今中山、珠海、澳门等地区）、顺德（今佛山顺德区）诸县，郑一嫂主要为张保仔提供后勤支援，也对新会和顺德两县进行骚扰。黑旗帮的郭婆带对南海、番禺、香山、顺德等县进行骚扰。其中香山与顺德两县是广东省较为富庶的地区，所以成为海盗劫掠的重点地区。④

嘉庆十四年（1809），顺德县和香山县两地乡勇与海盗在顺德县的容奇得胜海、陈村、黄连村、东海十六沙沙田地区、碧江、鸡洲和香山县的磨刀炮台、第一角寮后村、濠涌村、大涌村、茶园山、甲洲、小榄村、蕉门、大

---

① ［清］卢坤、邓廷桢主编：《广东海防汇览》，王宏斌等校点，河北人民出版社 2009 年版，第 1049 页。

② 《（咸丰）顺德县志》卷 27，列传，国朝，广东省地方史志办公室辑：《广东历代方志集成·广州府部》第 17 册，岭南美术出版社 2007 年版，第 645 页。

③ ［清］卢坤、邓廷桢主编：《广东海防汇览》，河北人民出版社 2009 年版，第 1048 页。［清］袁永纶：《靖海氛记》卷上，《张百龄靖海集》，中国文联出版社 2013 年版，第 5 页。何圳泳：《"一时之功"与"长久之计"："坚壁清野"治盗方略的解析——以嘉庆十年（1805）两广总督那彦成的海盗治理为例》，《汕头大学学报（人文社会科学版）》2019 年第 8 期，第 135 页。

④ 顺德市地方志办公室点校：《顺德县志》（清咸丰、民国合订本），中山大学出版社 1993 年版，第 905 页。

黄圃、鹅头山、尖峰岭、大屿山、赤沥角等地发生激烈的战斗。① 尽管沿海州县在与海盗战斗中付出惨痛的代价，但广东沿海地区各村庄依靠团练成功击退海盗的进犯。

顺德县的团练与海盗发生激烈的战斗，顺德县的士绅在此次与海盗的斗争中表现突出，最引人注目的是由顺德县地方乡绅胡鸣鸾、关儒君和林士元等人领头倡建的容桂公约。② 容桂公约是嘉庆九年（1804）在东海十六沙原本护沙组织的基础上建立起来的，统一管辖香山县、顺德县之间约20万亩的沙田。公约设在顺德县容奇墟，公约的组织者从20万亩沙田中抽取经费，每亩抽银八分。最初他们筹集了1.6万两的款项，雇募了208名乡勇和18艘巡船、扒船，同时修筑城垣和建造炮台，"一时获匪数百"③。容桂公约的成立响应了官府倡办地方团练的号召，对于容桂公约所制定的规章，官方不仅予以承认，而且还号召其他地区仿照该制度章程举行团练。嘉庆十年（1805），那彦成要求将容桂公约的防盗章程十条均抄发至各州县，各州县按照自身情况因地制宜、稍加变通而施行，并将实行情况向当局报告，严禁官吏"假公济私、借名科派、滋生事端，抑或从中扰阻，有意把持"④。嘉庆十三年（1808），顺德县士绅利用容桂公约的经费建立起一所容山书院，这所书院成为团练的总部和乡勇操练的场所。官府批准公约有权搜查与捕捉海盗以及其他危害社会秩序的可疑人员，乡勇负责昼夜巡逻，缉拿贼人，并将其交给县官处置。⑤ 在顺德县的龙山乡，来自10个村落的地方士绅联合

---

① 《（光绪）香山县志》卷22，纪事，广东省地方史志办公室辑：《广东历代方志集成·广州府部》第36册，岭南美术出版社2007年版，第473－474页。《（咸丰）顺德县志》卷27，列传，国朝，广东省地方史志办公室辑：《广东历代方志集成·广州府部》第17册，岭南美术出版社2007年版，第652－654页。《（光绪）广州府》卷81，前事略，广东省地方史志办公室辑：《广东历代方志集成·广州府部》第7册，岭南美术出版社2007年版，第607－608页。卢坤、邓廷桢主编：《广东海防汇览》，王宏斌等校点，河北人民出版社2009年版，第1039－1044页。

② 顺德市地方志办公室点校：《顺德县志》（清咸丰、民国合订本），中山大学出版社1993年版，第832页。

③ 顺德市地方志办公室点校：《顺德县志》（清咸丰、民国合订本），中山大学出版社1993年版，第832页。

④ ［清］章佳容安辑：《那文毅公两广总督奏议》卷11，沈云龙主编：《近代中国史料丛刊》第21辑，文海出版社1973年版，第1468页。

⑤ 顺德市地方志办公室点校：《顺德县志》（清咸丰、民国合订本），中山大学出版社1993年版，第649－650页。

组建起一个乡约，中心位于城垣的大冈墟，团练指挥部设立在镇中心武庙左边的公馆。嘉庆十四年（1809），乡约招募了300余名壮勇，并建造堡垒和炮台。①

广东其他地区亦纷纷设立团练组织。嘉庆十四年（1809），番禺县沙湾建立仁让公局，同年两广总督张百龄命"沿海州县团练为守御计"②。仁让公局作为地方团练组织对海盗的侵扰起到了很好的防守作用。③

嘉庆十五年（1810），香山县创设附城公约。为了防备张保仔、郑一嫂等海盗集团的扰乱，位于县城以郑姓为首的七大家族联合捐资设立该公约，名为固围公所。香山县知县彭昭麟详请督抚院批准，俟海心沙成坦，归附城公约报承，以资防御。④

当时广东沿海村落除了组建团练还自行开濠筑堡，加强防守。⑤ 同时官府责成口岸各文武官员进行协助，倘若该处未有官员，士绅亦应在紧要处早筑濠堡，再向地方官申报。此种开濠筑堡之法是嘉庆十年（1805）两广总督那彦成提出的，在那彦成川楚教乱时期剿灭白莲教的经验基础上加以改进，与岭南地区风土地貌相适应。

嘉庆十五年（1810），游弋在广东洋面的海盗被官兵与团练围追堵截，部分海盗在权衡利弊之后逐渐萌发投诚之心，同时海盗集团内部由于权力与利益分配的不均，导致海盗集团逐渐走向分崩离析。其中以红旗帮的张保仔与黑旗帮的郭婆带之间的矛盾最为明显。根据《靖海氛记》记载，在海盗集团内部，"婆带以己年地出保上，而每事反为其所制，素不相下"。⑥ 嘉庆十四年十二月（1810年1月），张保仔被围赤沥角向郭婆带求援，郭婆带不

---

① 顺德市地方志办公室点校：《顺德县志》（清咸丰、民国合订本），中山大学出版社1993年版，第826页。

② 《（同治）番禺县志》卷16，建置略，卷22，前事，广东省地方史志办公室辑：《广东历代方志集成·广州府部》第20册，岭南美术出版社2007年第192、272页。

③ 萧国健、卜永坚：《袁永纶著〈靖海氛记〉笺注专号》，《田野与文献》2007年第46期，第44页。

④ 《（光绪）香山县志》卷4，建置，广东省地方史志办公室辑：《广东历代方志集成·广州府部》第36册，岭南美术出版社2007年版，第547页。

⑤ ［清］容安辑：《那文毅公两广总督奏议》卷11，沈云龙主编：《近代中国史料丛刊》第21辑，文海出版社1973年版，第1461-1463页。

⑥ ［清］袁永纶：《靖海氛记》卷下（八），巴黎国家图书馆藏清道光十年碧萝山房刊本。

但坐视不管，还与张保仔相攻并向官府投降。至此，盛极一时的广东海盗旗帮联盟完全瓦解，在郭婆带投诚后不久，郑一嫂、张保仔也向官府投诚。最终张保仔被授予职衔，并随同水师剿灭乌石二等其余海盗。嘉庆十五年（1810），大规模广东海盗活动基本平息。

第七章
道光年间广东团练活动

清代广东由官方主导的第二次大规模团练活动,主要针对发动鸦片战争的英国侵略者展开斗争。此次斗争的焦点是鸦片战争之后英国侵略者进入广州城的问题。此次活动以道光十九年(1839),两广总督的林则徐发布告示勒令沿海村庄组织团练为开始标志,以道光二十九年(1849)英军撤出广州城结束,共持续11年。

第一节 林则徐抗英斗争中的团练活动(1839—1840)

道光十九年(1839),广东地区鸦片及其走私贸易流毒地方,为害甚重。作为钦差大臣的林则徐到任广东以后,大力打击鸦片走私贸易,并发布告示勒令沿海村庄组织团练。① 至此,广东当局开始第二次团练活动。道光二十年(1840),升任两广总督的林则徐,积极筹备广东海防,招募渔民疍户为水勇。

在广东主持禁烟中,林则徐一直关注民心的向背和民力的动员。他因

---

① 《谕沿海民人团练自卫告示》(道光十九年七月二十三日),《林则徐全集》第5册(文录),海峡文艺出版社2002年版,第2529页;[美]魏斐德著:《大门口的陌生人:1839—1861年间华南的社会动乱》,王小荷译,中国社会科学出版社1988年版,第15页;《钦差大臣林则徐等又奏英人非不可制清严谕查禁鸦片》(道光十九年八月十七日),[清]文庆等纂:《筹办夷务始末(道光朝)》第1册,中华书局1964年版,第219页。

"群情颇为警动"而大受鼓舞,相信对英国侵略者"衔仇刺骨"的粤民可用。① 因此,调动和组织民众反对西方侵略者,是林则徐实行民族自卫战争的重要策略原则。为配合水师外海作战,林则徐广泛号召沿海各地和珠江三角洲乡民实行团练,守土自卫。林则徐还令地方官员和渔民自造木筏,出海偷袭、焚烧英船,并公布了有关捕获敌船和杀俘敌军的奖赏办法。② 同时,林则徐还联合广东水师提督关天培,雇募沿海渔蛋各户为水勇,重点打击向英船洋人接济的"匪船",断绝英国侵略者的陆上接济。③ 此次行动取得了不小的战果:烧毁夷船 23 只,擒获夷人 10 名,并得到道光皇帝的赞誉,一定程度上坚定了官民抗击外夷侵略的信心。④

林则徐还动员行商、盐商等商行出资,在广州公开招募水勇 5000 人,经训练分配各处,协同清军作战。鸦片战争爆发后,随着清军对英军作战的失利,沿海防务形势严峻,给事中沈镕奏请沿海各省组建团练抵御英军入侵。⑤ 朝廷将给事中沈镕的奏议颁发给广东、福建、浙江等省各将军议复,在沿海团练水勇的提议很快得到沿海各省将军的支持,于是鸦片战争时期中国沿海各省掀起一次办团热潮。⑥

《南京条约》的签订标志着鸦片战争的结束,但中英冲突仍在持续,特别是广东地方民众与英国侵略者的矛盾日益加剧,时刻有演化成军事冲突的可能。此时,道光二十三年(1843),为防范中英之间再次的军事冲突,清廷积极加强沿海地区的防备,遂将江西监察御史田润提出的沿海省份筹办团

---

① 《钦差大臣林则徐奏报抵粤日期并体察洋面堵截趸船情形折》,《鸦片战争档案史料》第一册,天津古籍出版社 1992 年版,第 496 页。
② [清]林则徐:《谕香山县加强戒备及奖励民众歼敌》,陈锡祺:《林则徐奏稿·公牍·日记补编》,中山大学出版社 1985 年版,第 90 页。
③ 《烧毁奸船以断英舶接济折》(道光二十年二月初四日,1840 年 3 月 7 日),《林则徐全集》第 3 册(奏折卷),海峡文艺出版社 2002 年版,第 1411 页。
④ 《烧毁奸船以断英舶接济折》(道光二十年二月初四日,1840 年 3 月 7 日),《林则徐全集》第 3 册(奏折卷),海峡文艺出版社 2002 年版,第 1412 页。
⑤ 《著沿海各将军督抚议复给事中沈镕奏请饬团练水勇事上谕》,道光二十年七月初二日(剿捕档),中国第一历史档案馆:《鸦片战争档案史料》第 5 册,天津古籍出版社 1992 年版,第 215 页。
⑥ 《杭州将军奇明保保奏陈乍浦所募乡勇拟准入伍补充水师折》《福州将军保昌等奏陈闽省团练水勇壮勇情形折》《两广总督林则徐等奏为遵旨复议团练水勇情形折》,中国第一历史档案馆:《鸦片战争档案史料》第 2 册,天津古籍出版社 1992 年版,第 338、349、403 页。

练的提议颁发山东等七省议复,得到各省的不同回应。① 其中广东地区为应对英军随时可能的侵略,对兴办沿海团练做出积极的回应,并加强了沿海一带的军事布防。②

道光二十一年(1841),英国侵略者侵占广州城,逼迫广东当局签订《广州和约》,索要 600 万两作为赎城费。英国侵略者尽管接收了 600 万两的赎城费并撤离了广州城,但仍不时派遣军舰闯入珠江口,对附近地区大肆骚扰。广州民众对英军蛮横的侵略行径恨之入骨,作为钦差大臣的奕山却以"恪守"《广州和约》为由,放任英军对广东地区的侵扰。面对英国侵略者咄咄逼人的侵略姿态,广东督抚无奈之下只有借助爱国士绅创办的团练,与英国侵略者展开周旋。两广总督的祁𡎼和广东巡抚怡良顺应广东民众高涨的抗英斗争形势,发布了"晓谕团练"告示。③

除了官方发布的团练告示,广东民间一些爱国士绅也主动联合起来,发布告示号召民众办团,抵抗外来侵略。同时广州的一批爱国士绅如梁廷枏、黄培芳、邓淳、曾钊等人先后受聘为祁𡎼幕僚,参与广州的防卫事宜。他们以官方的名义,传檄城乡,号召更多的民众开展团练,加入抗英斗争的行列。在抗击外来侵略的问题上,官、绅、民三者的立场都是统一的。当时,虎门失守,英军炮舰直逼广州城,广州城内军民惶恐不安。"省城各官先将家眷纷纷逃避,以致人心惶恐。城厢内外,居民铺户,十迁八九。内地匪徒,肆行劫掠。难民有被抢去财物者,有掳去妇女勒赎者,伤心惨目,不可言状。各处会匪乘机扰害。或千人,或数百人,白昼抢劫村庄。"④ 所以对于地方的绅民来说,组建团练的动机不仅在于反抗外来侵略的家国情怀,而且还有保护地区不受无赖、逃兵、土匪的骚扰。相对于前者,后者才是更为直接与现实的动机。不过,广州城内的动乱究其根本是由外来侵略所引起

---

① 崔岷:《倚重与警惕:1843 年的团练"防夷"之议与清廷决策》,《史学月刊》2018 年第 11 期,第 54-57 页。
② 《两广总督林则徐等奏为遵旨复议团练水勇情形折》,中国第一历史档案馆:《鸦片战争档案史料》第 2 册,天津古籍出版社 1992 年版,第 403 页。《祁𡎼等又奏团练乡兵于粤省情形相宜折》,广东省文史研究馆:《三元里人民抗英斗争史料》,中华书局 1978 年版,第 257-258 页。
③ 广东省文史研究馆:《三元里人民抗英斗争史料》,中华书局 1978 年版,第 265 页。
④ 《骆秉章奏陈战守之策折》,[清]文庆等纂:《筹办夷务始末(道光朝)》第 2 册,中华书局 1964 年版,第 1019 页。

的。"故逆夷一日不靖,则匪徒一日不清。"①

鸦片战争期间,在广东发生的中英双方的斗争主要围绕广州城而展开。英方引据《南京条约》的条款要求进入广州城,而广州城民众坚决反对英方入城。双方遂起激烈冲突。在英军占领广州北郊的主要炮台、包围广州城之后,广州城郊陆续组建了由地方士绅领导的升平社学、东平社学、南平社学、隆平社学等团练组织,广州城内由士绅、商人组建了城内的街约团练。英国殖民者蛮横的侵略行径激起广东民众的强烈反抗,随即爆发了三元里抗英和反入城斗争等著名事件。

第二节 鸦片战争期间广东团练的抗英斗争(1840—1841)

三元里抗英斗争是鸦片战争期间广东团练反抗外来侵略的一次典型事件。鸦片战争爆发后,英国殖民者逼迫清朝政府和广东督抚共同签订丧权辱国的《广州和约》,至此英国殖民者以广东的征服者自居,要求进入广州城,同时纵容下属官兵对中国百姓肆意抢夺,其间出现了强奸妇女和刨掘祖坟等恶劣事件。对于英国殖民者的暴行,广东当局奕山、杨芳等投降派实际上是听之任之,生怕惹怒英国人。他们发布告示要求清朝官兵、水勇以及百姓不得滋扰"夷人",否则一切按军法处置,客观上更加纵容了英军的暴行。

道光二十一年四月初九日(1841年5月29日)上午,占领四方炮台的英国侵略军开始向广州三元里村发动进攻,其间对沿途村落烧杀抢掠,无恶不作。面对英军的暴行,三元里村的村民实在忍无可忍,进而奋起反抗,围攻英军士兵,英军夺路而逃。当天下午,三元里村民集中在村北的三元古庙,商议抗敌大计。村民当即决定,令村中妇孺老弱一律疏散到石井一带,而16~80岁的男丁则全部留守村中,准备参加战斗。他们还高举三元古庙

---

① 《骆秉章奏陈战守之策折》,[清]文庆等纂:《筹办夷务始末(道光朝)》第2册,中华书局1964年版,第2177页。

的"三星旗",举行祭旗宣誓,高喊誓词:"旗进人进,旗退人退,打死无怨。"

当天下午,三元里村派代表四处联络,呼吁城郊各乡联合抗敌。三元里的义举立即得到八方的响应。三元里斗争的领导人何玉成约邀南海、番禺、增城等地的团练参加抗英斗争。何玉成的邀援信号,得到其他州县各地团练的积极响应。园下田监生王韶光号召广州东郊6社客家村的民众投入战斗。

当晚,在三元里附近的牛栏岗,三元里一带103乡的爱国士绅和村民代表举行会议,商讨抗敌作战方案。香山水勇首领林福祥亦从石井赶来赴会。会上决定,各乡15~50岁的男子一律参加战斗,并自选一领队。又决定,采用诱敌深入的办法聚歼四方炮台的英军。聚歼地点选在丛林密布、山冈起伏、阡陌纵横的牛栏岗一带。经过一天的激烈战斗,广州三元里103乡抗英义军取得最后的胜利,共歼敌人100多人。受到牛栏岗战役胜利所鼓舞的爱国民众,纷纷派出团练义勇进军四方炮台参与围歼英军的战斗。他们当中除了来自广州四郊的团练义勇以外,还有来自广州府其他州县的团练,其人数已达数万余人。① 被围困的英军威逼广东当局,要求立即驱散义军,否则就攻占广州城,焚毁所有村庄。在英国侵略者的威胁下,广东当局急派广州知府余保纯等官员进行调和。在官府的压力下,围困英军的广东义军被迫撤退,并被官府勒令解散。② 被围困的英军获救,并在第二天撤出四方炮台,慌忙乘船逃出虎门。③

三元里抗英斗争是鸦片战争时期广州城郊的团练对英国侵略者的一次主动进攻,同时也是整个鸦片战争中重创英军的唯一战役。广州三元里的抗英斗争虽然发端于三元里村民对英军暴行的报复行动,但仅在一天内,即迅速汇集数万之众,其主要原因在于林则徐主粤期间动员组织了城乡的团练,使各地群众有了组织基础,故能一呼百应,万众一心,群起抗英。另外,这场

---

① 赵尔巽:《清史稿》第38册,中华书局,1977年版,第11514页。
② [清]林福祥:《平海心筹》,广州市文史研究馆:《羊城风华录:历代中外名人笔下的广州》,花城出版社2006年版,第114–116页。
③ [清]梁廷枬:《夷氛闻记》卷3,《三元里人民抗英斗争史料》,中华书局1978年版,第43页。宾汉:《英军在华作战记》,中国史学会主编:《鸦片战争》第5册,上海人民出版社1957年版,第229页。

斗争有相当多的爱国士绅参与其中，并充当了领导者和组织者。他们与广东劳动民众结成抗英爱国阵线，共同对敌。三元里抗英斗争的胜利使得当时广东战场形势发生了重大的变化。英军在三元里民众的沉重打击下，不敢四处施暴，使广州城乡民众的家园田舍得以自保。该次战役的胜利遏制了英军在广州一带扩大军事行动的企图。①

第三节　鸦片战争之后广东团练的抗英斗争(1841—1849)

道光二十一年四月初十（1841年5月30日），英国侵略者进犯广州。与此同时，广州城北郊爆发了著名的三元里抗英事件。广州附近的民众纷纷组织起来，自发地开展了多次抗击英军的小规模的军事行动。虽然《南京条约》的签订标志着中英鸦片战争的结束，但广东民众的抗英斗争仍在继续，且其声势比鸦片战争期间更为宏大。双方斗争的焦点主要围绕英国侵略者进入广州城问题展开。在三元里抗英之后，广州民众自发抗英斗争渐多。② 广州城郊乡村的社学纷纷办起团练，城内工商户组成了街约团练。广州的社学团练开始发动群众，与英军周旋抗争。社学，是清朝延续明朝的一种乡村乡绅兴贤办学的场所。道光年间广州附近许多具有教化功能的社学直接转化成军事化的团练组织。③ 街约是城市工商以街巷为单位组成的内防盗贼、外御敌寇的自卫组织。不论是社学还是街约，和平时各安居乐业，有事时各家各户出钱出人，组成团练自卫，负责保卫自己乡村和街道的安全。

当时广州西北郊的升平社学、东郊的东平社学，以及广州南郊河南地区数十村，团练人数多达数万人。同时，省河的水上防务也有所增强。曾钊率领壮勇2万余人，于省河各险要之处分别设防。香山水勇在林福祥的率领之

---

① 《中西纪事》卷6，广东省文史研究馆：《三元里人民抗英斗争史料》，中华书局1978年版，第52页。
② 赵尔巽：《清史稿》第38册，中华书局1977年版，第11514页。
③ 杨念群：《论十九世纪岭南乡约的军事化——中英冲突的一个区域性结果》，《清史研究》1993年第3期，第117页。

下，负责省河防务，进行水上巡防。一些士绅如陈其琨、许祥光等人设立劝捐局，纷纷为团练进行募捐，经费总额多达150多万两。曾钊、樊封等倡行屯田17万亩，劝捐和屯田的全部总收入均作民间防卫的经费，"不用国帑一文"。①

一、社学团练

广州城郊社学团练以升平社学、东平社学、南平社学、隆平社学最为著名，其中升平社学是广州城郊社学团练中规模最大、人数最多的社学团练。② 升平社学是广州城郊北路团练的领导机构，合13社，80余个乡村共同组建（实则参与组建升平社学的有92乡）。③ 并且作为当时广东最大的团练局，升平社学的设立得到朝廷的授意和督抚的支持，并以团练自卫、抵御外侮为职责。④

三元里抗英事件之后，广州城北番禺县、南海县等92乡士绅齐聚升平社学，并发表了与英夷不共戴天的宣言，订立了关于防守城北的相关条例。⑤ 升平社学又叫石井社学，位于广州城北30里，早在乾隆二十九年（1764）就已存在，合石井十三乡（番禺县8村、南海县5村）共建，属于番禺县、南海县两县十三乡共有的社学，此后年久失修，渐弃不用。⑥ 道光二十一年（1841），城北乡举人李芳等士绅重建升平社学。⑦ 升平社学是当时广东最大的团练局，其设立得到朝廷的授意和督抚的支持，并以团练自

---

① 《粤东人民抗英斗争史料》，中国史学会主编：《鸦片战争》第4册，上海人民出版社1957年版，第14页。
② [美] 魏斐德：《大门口的陌生人：1839—1861年间华南的社会动乱》，王小荷译，北京：中国社会科学出版社1988年版，第67页。
③ 《（同治）番禺县志》卷16，建置略，《广东历代方志集成·广州府部》第20册，岭南美术出版社2007年版，第187-188页。
④ 《程矞采奏绅士捐建升平社学公所由》（道光二十四年三月初二日），中国史学会主编：《鸦片战争》第4册，上海人民出版社1978年版，第197-198页。
⑤ 《升平公所绅耆宣言》《升平社学防守城北条例》，广东省文史研究馆：《三元里人民抗英斗争史料》，中华书局1978年版，第271-272、274-277页。
⑥ 《（同治）番禺县志》卷16，建置略，广东省文史研究馆：《三元里人民抗英斗争史料》，中华书局1978年版，第229页。
⑦ 《祁𡎚等又奏石井绅士请建立昇平社学团练自卫折》，[清] 文庆等纂：《筹办夷务始末（道光朝）》第5册，中华书局1964年版，第2517页。

卫、抵御外侮为职责。①

表 7-1　升平社学团练领导者情况表②

姓名	职务	出身	议叙加奖情况
李芳	总管升平社学	原任阳江县训导	捐输军饷重大事务，督办出力人员，给予加一级
何有书	承办升平公所事务	在籍内阁中书、丁酉科进士	自称年已老迈，不能仕宦，应请赏加内阁侍读职衔，以奖耆德
梁源昌	协同办公	监生	以从九品未入流归部尽先选用
林孔光	协同办公	监生	以从九品未入流归部尽先选用
陈朝选	协同办公	监生	以从九品未入流归部尽先选用
周日襄		举人	拣选知县，常川督工，并办理团练，辛勤周妥；据该督保奏，堪膺民社之任
欧阳芝		附贡生、候补训导	捐纳分发试用训导，常川督工，并办理团练，辛勤周妥；据该督保奏，堪膺民社之任
何玉成		举人、六品军功	拣选知县，常川督工，并办理团练，辛勤周妥，据该督保奏，堪膺民社之任
伍长清	帮办公所事务	六品军功、管带壮丁	查该军功前在三元里打仗出力，赏给六品军功，又在怀清社学首先团练，调防四方炮台，经年不懈。现帮办公所事务，始终勤奋出力；查其才具，可以陆路把总尽先拔补，并请赏戴蓝翎
陈民鉴	协同办公	捐职詹事府主簿衔	

在新设立的升平社学里面，包括许多旧有的社学以及与升平社学同时设立的社学，如包括石井社学在内还有其他 12 所社学，一般分称为东六社、西七社。③ 关于升平社学在南海县管辖的社学情况，《（同治）南海县志》

---

① 《廷寄（答奕山、祁𡎴等折片）》，[清] 文庆等纂：《筹办夷务始末（道光朝）》第 5 册，中华书局 1964 年版，第 2205 页。
② 《程裔采单》（道光二十四年三月初二日），中国史学会主编：《鸦片战争》第 4 册，上海人民出版社 1978 年版，第 199-200 页。
③ 东六社包括佛岭（怀清）、联升、钟镛、同升、兴仁、西湖等 6 所社学，西七社包括石井、成风、同风、莲湖、和风、淳风、同文等 7 所社学。官桥社学不在西七社数内，并且在升平社学建立之前，官桥社学已荒废，但在道光二十八年（1848 年）捐款维持升平社学的《升平社学保良堂芳名录》中将官桥社学的基本乡大塱归入石井社。另一说西七社有泰安没同文。但是泰安社在番禺县江村，由江村、沙塘、龙湖等八乡组成，曾筹建社学未成。

记录得不甚详明,并且与《(同治)番禺县志》记录的"十三"社学数量与名称上皆有出入。"升平社学:曰恩洲、曰石井、曰怀清、曰成凤、曰淳凤、曰和凤、曰浔凤、曰六顺、曰钟镛、曰西湖、曰莲湖、曰兴仁。"① 这12个社学名与《升平社学保良堂芳名录》同,是1848年捐款维持升平社学的12个社学,与创建的13个社学有同有异。这些旧有社学和新成立的社学,前者如石井社学、佛岭(怀清)社学、成凤社学、和凤社学、莲湖社学,后者如淳凤社学、同升社学、西湖社学等,无论前者还是后者虽冠以"社学"之名,但都已是由士绅领导组织的团练组织,其主要任务是由原来的"兴学育才"演变成抵抗外来侵略者的斗争。②

表7-2 升平社学领导下各社学设置情况表③

社学名称	地点	设立时间	共同创立社学的乡村	备注
东六社				
佛岭(怀清)社学	番禺县城北十三里	道光七年(1827)	萧冈14乡共建,其中10乡为番禺县,分别为夏茅、马务、陈田、鹤边、峻冈、小坪、园下田、黄沙冈、乌石冈;4乡为南海县,分别为平沙、塘涌、大圃、冈贝	原名怀清社学,同治三年(1863)何玉成等重修,改今名;咸丰四年(1854)李文茂、周春、甘先等洪兵起义,曾以怀清社学所在的佛岭市为大营;失败后,整个佛岭市和怀清社学均被清军夷为平地;同治三年重修,抗战时期被毁
昭(联)升社学	太和市	道光十九年(1839)	番禺县的上南村、谢家庄、石湖营等41乡共建	

---

① 《(同治)南海县志》卷4,建置略,《广东历代方志集成·广州府部》第11册,岭南美术出版社2007年版,第475页。
② 杨念群:《论十九世纪岭南乡约的军事化——中英冲突的一个区域性结果》,《清史研究》1993年第3期,第121页。
③ 《(同治)番禺县志》卷16,建置略,《广东历代方志集成·广州府部》第20册,岭南美术出版社2007年版,第187-188页;《(同治)南海县志》卷4,建置略,《广东历代方志集成·广州府部》第11册,岭南美术出版社2007年版,第475页。《广东人民在三元里抗英斗争简史(节录)》,列岛编:《鸦片战争史论文专集》,生活·读书·新知三联书店1958年版,第293-295页。

(续表)

社学名称	地点	设立时间	共同创立社学的乡村	备注
钟镛社学	石湖圩	道光十九年（1839）	番禺县的石湖、南村、园下、龙陂、夏良、清湖冈、慕冈、彭边、小沥、长乐、乌泥迳、罗村、灰窑坑、沙亭冈等26乡共建	
同升社学	公正圩（一名竹料圩）	嘉庆六年（1796）	番禺县的寮寀村、米冈村、罗汉塘村、安平庄、竹料村上社、二社、三社、四社、东风村、白沙塘村、大冈岭村、沙亭冈村、良田村上社、二社、三社、四社、冯坳村、大罗村、小罗村、虎塘村、乌泥迳村、龙塘村	
兴仁社学	钟落潭村	道光四年（1824）	番禺县的钟落潭、罗汉塘、凤凰、沙田、泮湖、水口营、龙冈等12乡共建	
西湖社学	西湖市	道光二十四年（1844）	番禺县的西湖市、五龙冈、长沙㘵、中径、苏村、牛山、京塘、枫园下、茅冈等18乡共建	
西七社				
石井社学（太平社学）	番禺县城北三十里，即南海县黄冈堡石井古市街	乾隆二十九年（1765）	由番禺、南海两县13乡共建，分别是番禺县的大塱、滘心、古鉴（即古料）、岑村、环滘（即环溪）、大冈脚、张村、谭村，南海的槎头、凤冈、马冈、亭冈、浮山等13乡合建	石井社学毁于抗日战争
成风社学	桥头市	嘉庆二年（1797）	番禺县的石马、黄边、彭边、龚边、尹边、园村、望冈、龙象、罗冈、白沙湖、西岭、马冈、集贤庄等乡	社址于1914年为大水冲毁

(续表)

社学名称	地点	设立时间	共同创立社学的乡村	备注
同风社学	距离番禺县城50厘，去司署（江村幕德里司署）7里	乾隆三十八年（1774）	由番禺县的茅山、大龙头、蓼江、叶边、何埔、上村、小塘、沙蚬、上塘、大田、廪边、凤边、鹤边、冈夏、珠冈、沙坳、三元冈、南冈、沙滘、蚬仔埗等乡共建	社址早废，1931年《续番禺志·图》尚存其名，筹议重建，在原址竖有同风社学建筑地址的木牌
莲湖社学	长岭北	乾隆四十年（1775）	番禺县的长岭、水沥、塘背、大屈、长冈、龙兴庄、白水塘等乡共建	社址于1939年抗日战争时被日寇拆毁
和风社学	石龙圩	乾隆三十二年（1767）	番禺县的神山、郭塘、两潭、大石冈、沙塘、大岭下、雅瑶、聚龙、井冈、南埔、罗溪、洲鹭及花县的邝家庄等28乡共建	
淳风社学	人和圩		番禺县的鸦湖、蚌湖两乡共建	
同文社学	高增圩		番禺县的高增、矮冈等16乡和花县的广岭、东成庄等4乡共建	

广州东北白云山以东一带的乡村原来附属升平社学管辖，但升平社学管辖的规模太大，这一带距离总社有七八十里之遥，一旦有事势必难以相互呼应。同时这一带聚居着许多客民，当时迁徙而来的客家人（客民）与土著的广府人（土民）存在着许多矛盾和冲突。为了适应这种特殊状况，道光二十二年十一月（1842年12月），士绅王韶光等（均为客家人）组建了属于客家人自己的团练组织——东平社学。[①] 东平社学的领导人为"军功六品即选府经县丞王韶光，即选县丞高梁材，乡耆赖定生、杨利达、杨金、王韶

---

① 《番禺东北六社义民禀督署请建东平总社呈文》，广东省文史研究馆：《三元里人民抗英斗争史料》，中华书局1978年版，第277-278页。

贵等"①。这些士绅基本上皆是客家人。客家士绅除了在沙梨园设东平公社，同时在燕塘瘦狗岭设立了东平社学，与升平社学形成掎角之势，这是广州城外两个最大的团练组织。东平社学设立的另一个作用是一定程度上缓和了当时土客双方的矛盾。由于土客双方有着共同的外敌，所以暂时达成土民与客民共同御敌的协议。

同时期，在广州城的南面和东南面分别设立了南平社学和隆平社学，它们皆仿升平社学进行设立，在战略上与升平社学、东平社学相呼应，对入侵的英军构成包围之势。

二、街约团练

在《南京条约》签订以后，英国侵略者派遣军队进入珠江内河，并以武力胁迫广东当局，要求进入广州城。此举引起了广州城内绅民的强烈抗议，粤秀书院院长何文绮，监院罗家政，训导谭莹、仇乾厚，学正张应秋，番禺教谕丁熙，番禺候选道徐祥光，候补同知礼光，候选郎中金菁茅，候选同知沈光国，香山候选员外鲍俊等士绅联合城内店铺、居民组建街约团练。② 同时广州城内的街约团勇订立了团练章程，规定团练经费由广州城内铺户按户分摊。

街约团练以街或约为单位组成，按户出丁，规定无论居民还是店铺，大户出三丁，中户出二丁、小户出一丁，不得在外招募。街约团勇主要由店员、工人充任，每街每约少者几十人，多者数百人，旬日间组织的街约团勇近10万人。为激励团勇英勇杀敌，领导团练的士绅颁布了一系列奖赏措施，如"有能杀一逆夷首级者，则将其左耳头发一并献出示众，给花红银一百元。有能活捉一兵头者，给花红银四百元"③。当时广州城内各街约团练订立了严密的团练章程，要求各铺各户巡逻监察，对英军严阵以待，时刻警惕

---

① 当时东平社学的负责人有：高梁材、王韶光、钟占琪、谢锡恩、周秉钧、何廷珖、谢世恩、徐大祥、王锡瀛、江宏源、林向槐、陈裕贤、宋达潮、林士成、范瑞照、林超龙、谢卓恩、徐添伯等。(《广东人民在三元里抗英斗争简史（节录）》，列岛编：《鸦片战争史论文专集》，生活·读书·新知三联书店1958年版，第293页。)
② ［清］梁廷枏:《夷氛闻记》卷5，邵循正点校，中华书局1959年版，第158－159页。
③ 《阖省城铺户居民等公启》，中国史学会主编：《鸦片战争》第3册，上海人民出版社1978年版，第358页。

英军的动态，为抗击英军入城做好充分的战斗准备。

表 7-3 广州城街约团练基本信息①

区域	街约名称数量	领导者数量	团练总人数
城内			
内城	双门底上街等 50 个街区	陈廷森、苏荫清等 61 人	11879
新城内	南门直街等 35 个街区	张国权、潘国正等 77 人	19671
城外			
东门外	正东首约等 10 个街区	郑文藻、白崇韬等 10 人	2707
小东门外	永安首四约等 16 个街区	陈国桢、雷显廷等 31 人	6632
永清门外	永清街等 12 个街区	蔡邦常、戴恩等 17 人	3858
西门外	石冈街等 33 个街区	梁炳华、马应元等 49 人	11196
太平门外	天平街等 26 个街区	区昌俊、胡敏辉等 52 人	16346
游栏门外	七约等 11 个街区	冯济美、李福恩等 12 人	4480
靖海门外	东首约等 2 个街区	林鸿泰、黄河瑞 2 人	485
五仙门外	会仙街等 2 个街区	霍鸾标、罗织昌 2 人	590
城南郊区			
河南地区	龙溪七约等 32 个街区	潘正理、王尚之等 54 人	19534
总计	229 个街区	367 人	97378

三、斗争结果

由于广州城内外团练声势浩大，反对英军入城呼声强烈，民众抗英情绪十分高涨，英军统帅德庇时对此情形感到震撼，遂放弃入城的企图。② 换言之，尽管当时中英双方就入城问题形成激烈的争执，广州城内外的团练组织已经做好与英方产生军事冲突的准备，但最终由于英方的暂时妥协，剑拔弩张的局势暂时得到缓和，双方没有发生大规模的战斗。

---

① ［清］梁廷枏：《夷氛闻记》卷 5，邵循正点校，中华书局 1959 年版，第 159－164 页。
② ［英］德庇时：《战事结束后最不利于我们的是广州的局势》，广东省文史研究馆：《三元里人民抗英斗争史料》，中华书局 1978 年版，第 273 页。《广东军务记》（录自钞本太平夷录卷三），中国史学会主编：《中国近代史资料丛刊·鸦片战争》第 3 册，上海人民出版社 1978 年版，第 33－34 页。

尽管双方没有产生大规模的军事冲突，但并不能否认广州城内外团练组织在此次抗英斗争中所发挥出的领导作用。例如道光二十七年（1847），英国侵略军偃旗息鼓，潜越虎门，炸毁火药库，钉塞八百多门大炮，短短三日就占据洋馆、安澜桥，并威胁以武力占领广州城。当时，防守广州城北炮台和流花桥一带的武装分布是："永康台下之东边双眼桥一带，派营兵一百五十名，并东平社学义勇四百名为左翼，西边空地流花桥一带，派营兵二百名，并升平社乡勇五百名为右翼。永康台下后山空地，派乡勇二百名，策应左右，并为永康、耆定两台声援。另派升平社学义勇守西路古寺，西平社乡勇守南路……"① 参与防守和增援的乡勇多于营兵。同时，广州城内街约团练发布告示，号召广东全省人民反对英国侵略者，并通告广州城内外义勇积极备战，城内居民配合防御。②

升平社学的《防守城北条例》22 条，是升平社学筹款、布防、派遣武力，准备迎击侵略者的行动部署。其中具体分工城北布防的计划是："决定分北部地带为东西两面，东面由下塘以及其他乡村团勇防守，西面则由三元里以及其他乡团勇防守。"③ 更有筹募经费办法的，"现决定根据地产募捐，园地每亩一两二钱，鱼塘每亩五两，全数向社学缴纳"④。也有规定团勇编制的，"二十名团勇为一排，由排长统率，排长携带铜锣一面""二十名团勇为一队，由队长率领，队长执旗一面，并有一押队，荷一大鼓"⑤。其余还有团勇的征调、装备、伙食、经费存储、水陆隘口以及驻地乡村的设防等规定。

《佛山绅耆致广州义勇管带徐祥光函》写道："本镇全体人民同心协力，结成誓约，趋赴效命。各商号，已选出八千名至二万壮勇，准备听候使用，

---

① 《虎门炮台图说》（抄本），广州省立中山图书馆藏，张友仁：《鸦片战争前后广州人民的抗英斗争是社学组织领导的》，《学术研究》1962 年第 5 期，第 54 页。
② 《升平公所绅耆宣言》，广东省文史研究馆：《三元里人民抗英斗争史料》，中华书局 1978 年版，第 272 页。
③ 《升平社学防守城北条例》，广东省文史研究馆：《三元里人民抗英斗争史料》，中华书局 1978 年版，第 274－276 页。
④ 《升平公所绅耆宣言》，广东省文史研究馆：《三元里人民抗英斗争史料》，中华书局 1978 年版，第 274－276 页。
⑤ 《升平公所绅耆宣言》，广东省文史研究馆：《三元里人民抗英斗争史料》，中华书局 1978 年版，第 274－276 页。

随时接到告急通志,决即带队前来,共同御敌,绝不延误……"① 徐祥光在答复佛山绅耆及石龙、西樵、陈村、西南、江门各镇的函件中,除了赞许乡勇和各镇知名贤达外,更具体指示"倘今后有告急通知到达,各镇勇丁不须全体前来,留半数守卫各镇边区,而以半数来省城协助……"② 由此可见,当时参加抗英的群众,实是各阶层的爱国人士,同时动员抗英的团练义勇,也不限于广州城厢,整个珠江三角洲的群众,都已经枕戈待旦,进入了备战状态。

这些史料说明,以升平社学为首的若干抗英社学团练,在抗英斗争的实际工作中,不单是做了发长红、揭帖等宣传动员工作,还做了联络和团练义勇的组训工作,不但是担负了出钱捐输和运筹谋划的任务,而且与英国人进行了零散的斗争,出色地完成了保家卫国、抗击外来侵略的任务。

而反入城斗争的结果——英方的暂时妥协,在于中方看来是一场重大的"胜利",特别是两广总督徐广缙"以民制夷"政策在外交上的胜利。"设城所以卫民,卫民方能保国。广东百姓既不愿外国人进城,天朝不能拂百姓以顺夷人。"③ 自三元里抗英斗争以来,清政府与广东地区的地方官员充分认识到民众反侵略斗争的巨大力量。故而在应对英军入侵和清兵无力的问题上,朝堂上下逐渐形成一种"以民制夷"的共识。"以民制夷"政策主要表现为两点,一是在军事上利用团练组织对英军实施直接打击,迫使英军退却;二是在外交上利用团练组织对英军构成的军事压力,迫使英方在利益攫取方面退让。而"以民制夷"政策在反英军入城的问题上得到施行,并最终获得成功。朝廷因为成功规避一次军事冲突,和一场极有可能的军事失败,自是十分欢喜。如徐广缙等的广东大吏,因为谋略的成功而十分得意。"现在英夷罢议进城,实因省城官民,齐心保护,防御森严,畏葸中止,是

---

① 《佛山绅耆致广州义勇管带徐祥光函》,广东省文史研究馆:《三元里人民抗英斗争史料》,中华书局1978年版,第285页。
② 《佛山绅耆致广州义勇管带徐祥光函》,广东省文史研究馆:《三元里人民抗英斗争史料》,中华书局1978年版,第285—286页。
③ 《徐广缙奏呹唎 气馁情虚拟即备文照会折》,[清]文庆等纂:《筹办夷务始末(道光朝)》第6册,中华书局1964年版,第3184页。

声威远播,已属信而有征。"① 广州城内的民众因为保住了城市,十分欢喜。士绅由于办团有功而获嘉奖,亦十分欢喜。这是 19 世纪中国首次外交的"大成功",朝堂上下都喜气洋洋。朝廷嘉奖了徐广缙、叶名琛等大员以及办团出力的士绅,并授予了一块"众志成城"的匾额。②

而英方所求的是打开中国的大门,与中国展开贸易,因此亦不希望以武力进行胁迫,从而与中方的关系陷入僵局。更何况广州城内外形成规模庞大的反英阵营,民众排外情绪高涨,以区区两千名英兵还应对不了如此声势浩大的反英斗争力量。即使英军能够强行进入广州城,亦无足够的警备力量以建立统治秩序,维持稳定。《澳门月报》如此评论道:"远征军最后的战斗行为似乎停止得很适当。已经到了这个防御空虚的都会门口,中国军队还屯扎在后面的高地上,竟不把这个都会实际占领下来,的确是一件难事。然而若是占领了的话,广东省政府一定会瓦解,大清帝国这一地区的全部就一定会陷入无政府状态——这是外国人和中国人同样地希望避免的事。"③ 因此,英方选择停止战斗,结束敌对行为,是一种衡量利弊之后的理性选择。

道光二十九年(1849),英军的退却标志着广州城内外绅民反入城斗争的胜利,随之广州城内外的团练组织陆续被解散。至此由广东当局主导的第二次大规模团练活动宣告结束。

第四节　高州凌十八起义及其当地的团练活动(1850)

凌十八是广东信宜县人,出身农民家庭。道光二十九年(1849),凌十八前往广西,参加了拜上帝会。道光三十年(1850),凌十八回到信宜大寮乡发展会众,并制造武器准备起义。一时间会众云集,电白、高州、罗定以

---

① 《徐广缙等又奏英人罢议进城实因民团齐心应恳优加褒奖片》,[清] 文庆等纂:《筹办夷务始末(道光朝)》第 6 册,中华书局 1964 年版,第 3188 页。

② 《上谕(答徐广缙等折片)》,[清] 文庆等纂:《筹办夷务始末(道光朝)》第 6 册,中华书局 1964 年版,第 3190 页。[清] 夏燮:《中西纪事》,高鸿志点校,岳麓书社 1988 年版,第 168－169 页。

③ "Journal of Occurrences", *The Chinese Repository*, Vol. X. No. IV, (April, 1841): 240.

至广西岑溪、北流、容县、陆川等地,都有人前来入会,聚众多达2000余人。

凌十八所在的拜上帝会的规模迅速扩大,遂引起官府的警觉。信宜当地官府立即谕令解散组织,遣散会众,同时派兵捉拿会首凌十八。同年六月初五日(1850年7月13日),信宜县知县宫步霄率兵前往塘坳捉拿凌十八。但凌十八在此之前已离开大寮乡前往广西向洪秀全请示起义事项,所以清兵只捉走凌十八的族弟凌二十四。此后,凌十八回到信宜,紧锣密鼓地组织会众进行武装起义。

七月十三日(1850年8月20日),信宜知县宫步霄召集城守梁国安、富绅陆达务等率各乡团练兵勇500多人,开进怀乡,并张贴告示,勒令拜上帝会众缴出军器,具结解散,被会众拒绝。十六日,宫步霄会集四乡陆续前来增援的团练,共2000余人,进驻离大寮10余里的洪冠村,围困会众。凌十八率部从大寮撤退到莲塘。宫步霄入大寮,放火烧屋,并令练长余士桢进驻梭垌,准备于二十二日进围莲塘。二十二日早,大雾弥漫,凌十八突袭梭垌,击毙余士桢及13名乡勇,诸营皆溃。宫步霄听到败讯之后,于二十四日进围莲塘。凌十八在山险设伏,严阵以待。七月二十六日(1850年9月2日),宫步霄悬重赏命谭超拔、彭肇昌率数百人往攻,凌十八伪为向导,引敌陷伏中,击毙谭超拔和9名乡勇。宫步霄退出怀乡,借口患病,连夜返县,禀请督宪派兵增援。凌十八遂占领大寮乡,分路四出,声势大振。

此后,凌十八遂由信宜西进,进攻广西郁林,企图与广西的洪秀全取得联系。但凌十八率军进入广西之后,与太平天国领导人发生意见分歧,随即分道扬镳。最后,凌十八困守罗定州,在清军和地方团练联合进攻下,起义失败。

第八章
咸丰、同治年间广东团练活动

清代广东由官方主导的第三次大规模团练活动,主要针对洪兵起义军对清政府的地方统治造成的威胁,以及第二次鸦片战争英法联军占领广州城问题而展开。广东的洪兵起义以及第二次鸦片战争的爆发,可谓是内乱外患接踵而至,极大地动摇了清政府在广东的地方统治。第二次鸦片战争中,英法联军占领广州城、俘虏广东督抚,致使广东的行政机构一度瘫痪。在第二次鸦片战争中,广东方面创办了历次团练活动中规格最高的团练组织——广东团练总局。此次团练活动以咸丰四年(1854),被洪兵起义军围困在广州城的两广总督叶名琛发布劝谕地方团练的告示为开始标志,以同治元年(1862)广东团练总局的裁撤宣告结束,共持续9年。在此次团练活动中,广东团练协助官府实现靖乱平叛,维护了社会秩序的稳定,并加强了社会控制与管理,在维护清政府的地方统治方面做出了重要贡献。

第一节 广东洪兵起义与广东团练活动(1854—1856)

咸丰元年(1851)爆发的太平天国运动促成了清王朝全国上下的新的一轮办团高潮。在此期间朝廷不止一次发布谕令,勒令全国内地各省区组建团练,并委派一批"团练大臣"协助各省大吏办理团练以抵御太平军的扰乱。①

---

① 自咸丰二年五月至四年五月(1852年3月—1854年6月),清廷先后向湖南、江西、安徽、江苏等14省,陆续委任一批"在籍绅士"为主、间由现任和候补官员担任的"团练大臣",希望借助其熟悉当地情形且富有乡望的优势,协助地方官员办理团练。(崔岷:《咸丰初年清廷委任"团练大臣"考》,《历史研究》2014年第6期,第165页。)

太平天国动乱肇发于广西，作为广西邻省的广东自然也是朝廷重点关注的对象。咸丰三年正月三十日（1853年3月9日），何桂珍提议除目前江西、湖南、安徽三省已办团，其他内地省份也应该迅速组建地方团练。① 咸丰三年（1853）何桂珍上奏关于地方办团的提议是咸丰年间广东地区办团的先声。咸丰四年（1854），声势浩大的广东洪兵起义则促使广东地区迅速形成广东当局第三次的大规模办团活动。

洪兵起义波及了广东、广西、湖南、江西、贵州南方五省，是当时国内一场大型内乱。② 从咸丰四年到同治三年（1854—1864），洪兵起义斗争持续十一年，建立了长期控制桂、粤两省45个州县如升平天国、大成王国、大洪王国、延陵王等起义军政权。③ 广东、广西两省是洪兵起义军跟清军、地方团练展开战斗的主要战场。在广东地区，斗争最为激烈的是咸丰四年（1854）广东的洪兵起义军围攻广州城，当时清军、地方团练与洪兵起义军展开了激烈的斗争。正当广州城被围之时，身在广州城内的两广总督叶名琛才匆匆发布劝谕地方团练的告示，由此开启了广东当局的第三次大规模办团行动。在发布劝谕地方团练告示的当天，叶名琛与位于广州与佛山镇之间的四堡九十六乡等的众位办团士绅见面，共同商讨如何抵御洪兵的侵扰。④ 面对洪兵起义引发的动乱，咸丰四年以后广东全省的官民皆组建起团练，以抵御其扰乱。

---

① 中国第一历史档案编：《清政府镇压太平天国档案史料》第4册，社会科学文献出版社1992年版，第170页。

② 广东天地会起义军自称"洪兵"，取洪门造反军之义，起义军打红旗，头裹红巾，又称"洪兵"。广东洪兵起义是太平天国运动背景下，规模最大、延续时间最长，同太平天国关系最为密切的几支起义队伍之一。（广东省文史研究馆、中山大学历史系编：《广东洪兵起义史料》上册，广东人民出版社1992年版，序，第1页。）

③ 骆宝善：《太平天国时期的广东天地会起义述略》（上），《中山大学学报（社会科学版）》，1981年第4期。陆宝千：《论晚清两广的天地会政权》，台湾：中央研究院近代史研究所1985年版，第1—34页。雷冬文：《近代广东会党：关于其在近代广东社会变迁中的作用》，暨南大学出版社2004年版，第79页。

④ 《（宣统）南海县志》卷14，列传，"明之纲传"，广东省文史研究馆、中山大学历史系编：《广东洪兵起义史料》下册，广东人民出版社1996年版，第1314页。广东省地方史志编委会办公室、广州市地方志编委会办公室：《清实录广东史料》第5册，广东省地图出版社1995年版，第11、15、16页。

一、咸丰初年广东洪兵的起义概况

咸丰、同治时期的洪兵起义遍及南方五省（广东、广西、湖南、江西、贵州）。据《广东洪兵起义史料》的记载，咸丰四年至五年（1854—1855）广东5府（广州府、韶州府、肇庆府、惠州府、潮州府）4直隶州（连州、南雄直隶州、罗定州、嘉应州）1厅（佛冈厅）有22个州县爆发了洪兵起义，其中被洪兵占领的县城数量多达41个，扰动州县多达56个。①

广州府各州县多处爆发了洪兵起义军。围绕广州城为中心区域，北部有李文茂率领的起义军、东部有陈显良等部、南部有林光潆等部，城郊附近的省河有关巨、何博奋等洪兵起义军水勇。以他们为首，并联合东莞县何六（何禄）所部、三水县陈金缸所部、佛山的陈开、花县甘先所部、清远县练四虎、侯陈带所部以及韶州府、连州等20多位起义军首领所在的起义军，从咸丰四年夏至五年春（1854年7月—1855年1月）围困广州城长达半年之久。广州府其他州县还有像顺德县的陈吉所部、新会县陈松年、吕萃所部等洪兵起义军。由于是广东省城的所在地，广州府是洪兵起义军最为活跃的活动区域，而且广州城是否被攻克意味着洪兵起义军所进行推翻清朝的"革命"能否成功。在起义初期，位于广州城附近的洪兵起义军趁广东当局防备不周之际发动对广州城的猛烈攻击，企图一举拿下广州城，仿照太平军建立政权。然而尽管洪兵起义军规模庞大，气势汹汹，但由于事发仓促，起义军各部没有形成一个核心的领导力量，各部之间没有展开密切的配合，而是各自为战，最后被清军和各地州县绅民组建的团练逐一击破，纷纷败北。

配合广州府洪兵起义军完成围攻广州城任务的还有肇庆府的起义军各部。肇庆府是洪兵起义军第二个重要的活动区域。由于肇庆府位于粤西地区，该区域紧连广西，所以起义军围攻广州城失败以后，该区域成为撤退的起义军向广西方向的重要立足点。咸丰五年夏，从广州府败退的陈开、李文茂的洪兵起义军所部通过肇庆府进入广西，在广西浔州府（今桂平）建立"大成"政权。另外，肇庆府成为起义军在广州府斗争失利之后安顿休整、

---

① 根据广东省文史研究馆、中山大学历史系编《广东洪兵起义史料》下册（广东人民出版社1992年版）辑录的广东各地州县洪兵起义的资料统计。

蓄势反击的重要据点。肇庆府在洪兵起义军的军事斗争极具战略意义，因此洪兵起义军对该区域的占领极为重视，在起义之初，洪兵起义军在该区域迅速取得压倒性胜利。活跃在该区域的起义军首领有鹤山县的冯滚（冯坤），高要县的陈瀚洸，四会县的陈水、陈业、苏程，开平县的梁福、谭寿、司徒正吉、张江等人。该区域有11个州县的洪兵发动了起义，并且起义军在起义之后迅速占领了当地的县城。

韶州府由于是位于广东与外省重要的南北交通要道，所以该区域能否成功占领关乎起义军能否成功切断外省军队对广东当局的支援以及其他的物资补给。韶州府是广东洪兵起义运动的一块重要的战略区域。在起义军发动起义之初，韶州府重要的4各州县（英德、乐昌、仁化、乳源）分别被起义军占领，并且韶州府府城三度陷入洪兵起义军的重围。① 活动在这一区域的起义军首领主要有英德县的陈义和、陈荣，乐昌县的葛耀明（葛高老藤）等人，在该区域上起义军与清军、当地团练展开激烈的战斗和反复的争夺。② 同治二年（1863），葛耀明和惠州府的翟火姑通过韶州府进入江西与太平军会合，成为归属太平天国管辖的"粤东花旗"。

惠州府、潮州府等各州县均是洪兵起义军活动的重要区域，例如该区域的起义军首领有惠州府归善县的罗亚添、翟火姑、何阿黄、陈志麟，龙门县的蓝粪山、邹新茂等人；潮州府潮阳县的陈娘康、澄海县的林阿掌、海阳县（今潮安）的吴忠恕、陈阿十，揭阳县的林元剀，普宁县的杨臣尧、许阿梅、林阿廷，丰顺县的古声扬、管以均等人。惠州府的6个州县（龙门、海丰、陆丰、长宁、龙川、博罗）和潮州府的惠来县均被起义军占领过，此外潮州府的潮阳、澄海、海阳、揭阳等县是洪兵起义的首倡之地。连州、南雄直隶州、罗定州、嘉应州和佛冈厅等均有不少起义军在活动。

而在洪兵起义军占领广东许多州县的同时，广东许多州县在地方官员与士绅的领导下，在兴办团练并展开收复失地的斗争行动。正如嘉庆年间广东

---

① 《（同治）韶州府志》卷24，武备略，兵事，《韶州府守城纪略》，《中国方志丛书·第2号》，成文出版社1966年版，第486－488页。

② 《（同治）韶州府志》卷24，武备略，兵事，《韶州府守城纪略》《翁源县守城解围记》《克服英德县城记》《平英德蓝山贼记》《平英德䝭　脚记》，《中国方志丛书·第2号》，成文出版社1966年版，第486－490页。

海盗的扰乱和鸦片战争的爆发,以往广东每当有重大动乱产生,地方政府往往会联合地方士绅组建地方团练进行抵御。但是咸丰四年这场突如其来的洪兵起义却让广东地方政府措手不及,无法做出及时的防范措施,进而导致广东的许多州县瞬间沦陷,广州城也遭受严重的安全挑战。尽管如此,在广东洪兵起义爆发后,许多州县仍旧纷纷组建地方团练与洪兵起义军进行斗争。由于此次洪兵起义让地方统治者猝不及防,因此各地州县临时组建起的团练组织没能形成有效统一的领导,形成零碎分散、各自为战的战斗格局。广州府的各州县是广东团练与洪兵起义军斗争的主要战场。在广州府一些斗争较为激烈的州县,如南海、番禺、增城、新会、清远等县都是设立多个团练组织进行防御,也有顺德、香山等县设立了管理全县的团练组织。在这些的团练组织中,像南海县大沥四堡和九江乡,番禺县的沙湾、茭塘、石桥乡等地区的团练组织,是由当地士绅捐资募勇、自行发起的,而像清远、新会、新宁、龙门等州县的团练组织则是由地方知县倡导、劝谕,当地士绅领导组建形成的。

表8-1 咸丰四年至五年广东各地区洪兵起义及围攻各地区县城情况①

区域	起义时间	起义者	围攻县城结果	
			成功占领的时间	围城不克及撤退时间
广州府				
东莞县	1854年6月10日	天地会首领何六(何禄)、袁玉山等在东莞石龙镇树旗起义	数日后占领东莞县	1854年7月2日,何六等退出东莞县城
三水县	1854年6月26日	陈金缸、朱子仪、卢伟(卢炜)等在三水县范胡市聚众树旗起义		陈金缸等人据芦苞都司署,围攻三水县城不克,转移至清远县;1855年4月2日,陈金缸部义军解除对三水县城的包围,北进粤湘边境

---

① 资料来源于广东省文史研究馆、中山大学历史系编《广东洪兵起义史料》上册(广东人民出版社1992年版)第6-18页内容。

(续表)

区域	起义时间	起义者	围攻县城结果	
			成功占领的时间	围城不克及撤退时间
佛山镇	1854年7月5日	陈开、封满、和尚能、霍辉、朱发等在佛山义清岗起义	占领佛山镇，宣称对太平天国"遥承节钺，坐拥旌旄"	1855年1月17日，陈开等率军撤出佛山镇
番禺县（广州城）	1854年7月5日	李文茂等在广州北郊（番禺县北部）起义；陈显良等在广州东部（番禺县东部）起义；林光灞起事于番禺县南部（广州近郊河南地区）；关巨、何博奋等起事于省河（珠江）水上	陈开等由佛山起兵攻广州之西，李文茂、周春、甘先等扎营于城北佛岭市和江村，陈显良扎营于城东北燕塘，林光灞等起兵于珠江河南，关巨、何博奋起兵于珠江水上；广州城北，起义军连营数十里，参加围攻广州的起义军多达数十万，船只数千，"环逼省垣"，围城长达半年之久，广州城成为一座孤城，督抚政令不出广州城外	1855年1月17日，李文茂由广州城北撤退。1855年1—2月，围攻广州的起义军全部解围，分头向西、向北转移。其中，陈开、李文茂等沿西江西上进入广西；何六、周春、甘先等所部义军先后联合在清远的陈金缸以及粤北韶、连各属起义军，共二十余位著名义军首领，向北进入湘南，并准备继续北进，同太平军联合；陈显良沿北江北上，同练四虎、侯陈带等转移至清远以北的北江水上以及粤西北清远、英德、阳山等县山区，据山筑砦，继续活动；原在新会等地领导船民起义的李快，率部并联合珠江下游各水上起义军，冲出珠江口，转移至珠江口以西沿海活动
花县	1854年7月13日	甘先、曹春林等在花县起义	翌日，占领花县城；此后至1855年春，先后3次占领花县城；占领花县起义军奉太平天国年号	
顺德县	1854年8月1日	陈吉、梁楣、吕敬等起义于顺德县之龙山、龙江	旋占领顺德县城	

（续表）

区域	起义时间	起义者	围攻县城结果	
			成功占领的时间	围城不克及撤退时间
新会县	1854年8月1日	新会县陈松年、吕萃进等聚众在江门树旗起义		旋攻县城两个多月
香山县	1854年8月3日	香山县广大农村天地会起义		是日，李洪英率南海县九江起义军来香山与当地起义军会合，占小榄，又合攻县城，不克
清远县	1854年8月4日	林大年、练四虎、晁润章、侯陈带等率众起义于清远县	占领清远县	1855年4月，退出清远县
增城县			1854年8月10日，东莞何六等占领增城	9月21日，撤出
从化县			1854年8月11日，花县甘先等占领从化县城	
新安县（九龙寨城）			1854年8月19日，惠州起义军罗亚添占领九龙寨城	8月27日，撤退
佛冈厅			1854年8月9日，刘亚咸、谭保、吴北扬、邱东培等率起义军攻占佛冈厅城	
韶州府				
英德县	1854年8月3日	英德县陈义和、陈荣等率众起义	占领英德县	
乐昌县、仁化县、乳源县			1854年8月4日，葛耀明（葛高老藤）等率起义军攻占乐昌县城，随后又占领仁化、乳源县城；1855年1月31日，起义军大元帅曾佳率军数千自韶州攻占仁化县城	1855年5月8日，大元帅曾佳退出仁化县城，寻被捕牺牲

（续表）

区域	起义时间	起义者	围攻县城结果	
			成功占领的时间	围城不克及撤退时间
翁源县				1854年8月19日，英德县起义军陈义和等分军与翁源县天地会首领李黄保配合，围攻翁源县，屡攻不克
连州				
连州新城			1854年8月24日，清远起义军首领温祐、冯树、孟九等北进连州，与当地之黄镇山、朱四、襧二等联合攻占连州新城	1855年4月3日，孟九、温佑等撤出连州城
连州三江城			1854年9月15日，起义军大都督孟九、统兵大元帅温佑攻占连州三江城	1855年4月2日，起义军撤出连州三江城
连州内城			1854年9月22日，孟九、温佑等攻占连州内城	1855年4月3日，撤出
阳山县			1854年9月22日，孟九、温佑等遣元帅张琼（张丙三）及林政、邓作乾等攻占阳山县城	
南雄直隶州				
始兴县			1854年9月25日，孟九等韶州起义军攻占始兴县城	10月17日，撤出；又分军围攻南雄州城，不克，旋退回韶州
肇庆府				

(续表)

区域	起义时间	起义者	围攻县城结果	
			成功占领的时间	围城不克及撤退时间
鹤山县	1854年7月中旬	冯滚（冯坤）等起义于鹤山县沙坪墟	1854年9月5日，冯滚等攻克鹤山县城	
高要县	1854年7月中旬	陈瀚洸（又名陈荣）起义于高要县新江、白土	1854年8月5日，陈瀚洸联合清军叛徒伍百吉等占领肇庆府城	起义当日陈瀚洸率军围攻肇庆府城，不克
高明县			1854年7月14日，高明显起义军攻克县城	1855年1月11日，退出
新兴县			1854年8月1日，新兴县起义军攻占县城	翌日退出
怀集县	1854年8月1日	怀集县起义军雷亚恩等	率众攻占县城	
四会县	1854年8月2日	陈水、陈业、苏程等聚众三万余人，于四会县黄岗墟树旗起义	占领县城，改四会县为"绥州"	
开平县	1854年8月12日	梁福、谭寿、司徒正吉、张江等聚众数千起义于开平县四乡，并有船数百只	是日，冯坤率鹤山县起义军与梁福等会合，攻克开平县城	11月5日，起义军退出开平城
广宁县			1854年8月15日，广宁县林升、杨宠等率众起义，攻占县城	9月11日，撤出，不久，林、杨战败被杀
阳春县			1854年8月16日，新兴县起义军首领江阿戊会合阳春县起义军黎四贵占领阳春县城	8月25日，退出

（续表）

区域	起义时间	起义者	围攻县城结果	
			成功占领的时间	围城不克及撤退时间
开建县			1854年8月24日，清远起义军温祐等攻占开建县城	旋即撤出
封川县			1854年8月30日，肇庆起义军陈荣、伍百吉等分兵攻克封川县	1855年1月13日，梁培友等起义军退出封川县城，沿西江东下肇庆府
罗定直隶州				
德庆州			1854年8月7日，梁培友、曾信等占领德庆州城	
罗定州城			1854年8月15日，陈瀚洸率罗定、肇庆起义军攻克罗定州城	
东安县（今云浮县）			1854年8月15日，天地会起义军首领吴昌球等率众攻占东安县城	
惠州府				
归善县	1854年6月26日	罗亚添等在归善县（今惠阳县）梁化乡三角湖起义		攻巡司衙署，不克
	1854年8月11日	惠州天地会翟火姑、何阿黄、陈吉麟等聚众于归善县三栋墟竖旗起义		
龙门县	1854年8月31日	龙门县蓝粪山、邹新茂等于8月率众起义	1854年9月20日，刘观秀、高六等起义军占领龙门县城	邹新茂围攻龙门县城，不克；9月20日，刘观秀等撤出县城

（续表）

区域	起义时间	起义者	围攻县城结果	
			成功占领的时间	围城不克及撤退时间
海丰县			1854年9月2日，黄履恭、李遇春、顾霞春、吕亚江等率起义军攻占海丰县城	18日，撤出
陆丰县			1854年9月，王履恭、马逢九、洪汝用等率起义军攻占陆丰县城	
长宁县（新丰县）			1854年10月4日，龙门县城起义军攻占长宁县城	旋退出
龙川县			1854年10月下旬，翟火姑、洪阿元（冯阿元）部义军攻占龙川县	旋退出
博罗县			1854年12月20日，翟火姑部义军攻占博罗县城	1855年1月14日，退出
嘉应州				
长乐县（今五华县）			1854年9月18日，李进春、孔阿福等率起义军攻占长乐县（今五华县）	11月4日，退出
潮州府				
潮阳县、澄海县、海阳县	1854年春	潮阳陈娘康、澄海林阿掌、海阳（今潮安）吴忠恕、陈阿十、揭阳林元剀揭竿起义	1854年6月7日潮阳县起义军占领惠来县城	1854年7月25日，吴忠恕、陈阿十等进攻潮州府城，不克

（续表）

区域	起义时间	起义者	围攻县城结果	
			成功占领的时间	围城不克及撤退时间
普宁县	1854年7月10日至8月8日	杨臣尧、许阿梅、林阿廷等聚众万余在普宁县起义		占领县城附近各乡村，多次进攻县城不克；8月8日解围
丰顺县	1854年8月3日	古声扬、管以均等聚众起义于丰顺县		围攻县城不克，撤退

二、广东团练与洪兵起义军的斗争

在地方团练与洪兵起义军众多斗争中，最为经典莫过于咸丰四年（1854）的佛山镇和广州城的攻守战。

（一）佛山镇攻守战

咸丰四年（1854），广东洪兵起义爆发之初，首先起来抵抗起义军的是南海县大沥四堡九十六乡的团练。南海县大沥四堡即大沥、梯云、扶南、太平四堡，位于佛山与广州之间，对拱卫广州城有着十分重要的战略地位。佛山起义军陈开等部意图与广州城北部的甘先、李文茂等部打通联系，合围广州，所以从佛山到广州这一路大沥四堡是必经之地。

咸丰四年五月（1854年6月），即洪兵起义还在酝酿之时，大沥四堡的乡绅、举人欧阳泉、麦佩金，生员何应春等首倡团练，"筹备军械粮粮，集乡兵，除内匪，严密侦逻，使南北两路贼音耗不得通"[1]。何聘珍也是大沥四堡九十六乡团练的主要倡导者。咸丰四年洪兵起义爆发，何聘珍与其兄秀春、应春二人激励村民，抽选壮丁，分为五旗，组建大沥堡九十六乡团练。当时，佛山起义军首领陈开已经占据了大沥堡一些汛署，并邀集贼众企图进一步进犯大沥堡。何聘珍故而率领乡勇与之展开斗争，此为大沥堡九十六乡团练对洪兵起义军战斗的开始。

当时各路洪兵起义军把广州城围得水泄不通。为了制止城北的甘先、李

---

[1] 《（宣统）南海县志》卷18，列传，忠义，欧阳泉传，广东省地方史志办公室辑：《广东历代方志集成·广州府部》第14册，岭南美术出版社2007年版，第411页。

文茂等部与西面的陈开所部形成联合，大沥四堡九十六乡团练分别与佛山陈开、广州城北的甘先、李文茂等两路起义军展开了殊死搏斗。① 由于大沥四堡九十六乡团练的顽强抵抗，陈开、李文茂两路起义军始终无法形成联合作战，也没有机会合围广州，因此让广州守城的清军得到喘息的机会。

陈开起义后，佛山镇士绅纷纷逃离佛山，部分前往广州，组织团练抵抗起义军。佛山同知谢效庄滞留广州期间也积极联络士绅组织团练。"效庄既羁省，日与乡绅之在城者谋规复"②。另外，佛山当地士绅组建了两支团练队伍，一支是佛山乡勇，另一支是南顺营。佛山乡勇的领导士绅为候选布政司、大魁堂值理梁应琨、梁应棠，大魁堂值理李应棠，举人吴乃煌，在籍官员王福康，武举孔继尧等人。另一支团练武装是南顺营，由佛山士绅冼佐邦、冼斌、冼凤诏等人组织。

广东按察使沈棣辉率领上万人的清军与团练分水陆两路进攻佛山。佛山士绅组织的团练成为进攻起义军的先头部队。咸丰四年十一月初三日（1854年12月22日），佛山贼焚烧四十九街，瓦砾弥望。会垣解围，官军进规佛山，镇绅亦募团备战。陈开不能守，率众往广西，官军遂于十一月十二日（1854年12月31日）收复佛山，余匪悉平。③ 占据佛山的洪兵最终败逃意味着清军与起义军在佛山攻守战役中取得了关键性的胜利。

（二）广州城攻守战

在洪兵与清军、广东团练斗争的众多战役中，广州城的攻防战是极为关键的一场战役。广州城的得失对于南方洪兵起义军的斗争形势具有极为重要的战略意义。对于洪兵起义军来说，若能够占领广州城无疑是加速了洪兵对广东的占领，是取得广东一省控制权的关键性一步。占领广州城，对于已经占领了广东许多州县的洪兵起义军来说是十分具有鼓舞性质的战略措施。同样，广州城是清朝对于南方地区控制的一大军事重镇，如若失去对广州的控

---

① 《（民国）佛山忠义乡志》，卷12，职官志，谢效庄传，《中国地方志集成·乡镇志专辑》第30册，上海书店出版社1992年版，第494页。

② 《（民国）佛山忠义乡志》，卷12，职官志，谢效庄传，《中国地方志集成·乡镇志专辑》第30册，上海书店出版社1992年版，第494页。

③ 《（民国）佛山忠义乡志》，卷11，乡事志，《中国地方志集成·乡镇志专辑》第30册，上海书店出版社1992年版，第480页。

制,加之当时如火如荼的太平天国运动,清王朝对于南方地区的控制将面临着十分危急的不利局面。因此,咸丰四年(1854)的广州城攻防战对于广东洪兵起义军和清王朝双方都有着十分重要的战略意义,即一城之得失将彻底改变双方的斗争形势。咸丰四年的广州城攻防战也是广东洪兵起义发展的巅峰,此后广东洪兵在官军与团练的联合打击下节节败退,直至被剿灭。

广东洪兵起义爆发之后的广州府,以及东莞县、佛山镇、花县等广州城附近的这些重要州县,成为洪兵起义军首领何六、陈开、甘先等人倡乱的大本营。广州附近州县的洪兵首领如陈开、李文茂、陈显良等人纷纷建立名号,反对清政府统治。① 咸丰四年六月(1854年7月),陈开率部从广州之西而来,李文茂、周春、甘先等人率军自广州城北部开始进发,林光潞起兵于广州城南郊河南地区,而关巨、何博奋则督军于珠江水上,广州城附近州县的各路起义军汇集一处,开始联合围攻广州城。一时间,参加围攻广州城的洪兵起义军多达数十万人之众,船只数千,环逼省垣长达半年之久。在各路起义军的围困下,广州城一时间成为一座孤城,督抚政令不出广州城外,广州城的防守又再一次面临严峻的考验。

两广总督叶名琛鉴于广州城防守外无兵力可调、内部防御空虚的严峻局势,只能参照道光二十九年(1849)反入城斗争中保卫广州的一些经验,号召广州城内居民组建街约团练。

　　——议各街据险设营,海旁一带最为紧要。至应如何设法相度堵御,由该街自行筹定,合众街以为声援。
　　——议际兹岁暮行人杂遝,良歹难分,更须值事督带民壮,严加巡逻。议大街添设民壮四十名,中街三十名,小街廿名。如遇有告警,大铺另出三人,中铺出二人,小铺出一人。穿号衣、戴青帽、持军器俱由该街值事带领救护。如畏葸不到,仍照例罚银壹佰两正,以充公用。
　　——议已联之街,公设定式木签,分派各街值事。一闻告警,遇事之街即持公签通知,前后各街立即持公签带领民壮奋勇救护。遇事之街作

---

① 广东省文史研究馆、中山大学历史系编:《广东洪兵起义史料》上册,广东人民出版社1992年版,第7页。

为前队，其余邻近各街以次继进。所过各闸，验明公签放行。各街值事预先周知，守关民壮以免临时窒碍为要。

——议已联之街每店捐租银一月以充经费，余十街已经报明，互相存记外，其余各街亦须报明。俟报齐刊扫分送联街值事互相存记，仍由各街自行管理，以便有事按数派抽，以昭平允。①

同练勇一样，街约团练的指挥官，包括队长、旗头、值事和协理值事等职位皆由士绅担任。但是叶名琛不愿让民兵由民众自己掌握，所以除了登记各队负责人的姓名、籍贯外，他还在广州四个城区各组织了一个监督委员会，轮流掌管全城的街约团练。这些委员会成员都由地方士绅组成，统一由军需总局中四位主要官员之一进行主持。街约团练的主要职责是沿街巡逻，盘查生人。在这一方面，他们做得比正规军还要有效，因为正规军并不一定认识附近的居民。街约团练在广州城内每条街道都设置了关卡，在大、中、小街道巡逻执勤的团练分别增至60、30和20人，街约团练的巡逻起到一种预警、救护和监察作用。② 街约团练对维持广州的治安起了重要作用，除在城内外小心提防之外，还腾出大批兵勇上城御敌。尽管街约团练自筹薪饷，但叶名琛为了防止因倡办者腐败影响士气，于是亲自点验其收支账目，起到良好的监管作用。

面对洪兵围城的严峻形势，广州守城军士在地方兵勇的配合下，打退了洪兵的屡次进攻。咸丰四年闰七月初六日（1854年8月29日），洪兵发起新的一轮进攻。守卫广州城的将士兵勇在总督叶名琛的领导下拼死阻击，最后终于打退了猛烈进攻的起义军。其他各路起义军在清军作战中皆处于不利的局面，最后在节节败退的形势下不得不撤往其他州县。清军在咸丰四年的广州攻防战中取得了最后胜利。

正如嘉庆年间广东海盗的扰乱和鸦片战争的爆发，以往广东每当有重大动乱产生，地方政府往往会联合地方士绅组建地方团练进行抵御。但是咸丰

---

① 《联街团练新增章程》（咸丰四年十二月，太平等六十六街全启），陈玉环、刘志伟整理：《叶名琛档案——两广督府衙门档案残牍》第7册，广东人民出版社2013年版，第194页。

② [澳大利亚]黄宇和：《两广总督叶名琛》，区铁译，中华书局1984年版，第73页。

四年这场突如其来的洪兵起义却让广东地方政府措手不及,无法做出及时的防范措施,进而导致广东的许多州县瞬间沦陷,广州城也遭受严重的安全挑战。尽管如此,在广东洪兵起义爆发后,许多州县仍旧纷纷组建地方团练与洪兵起义军进行斗争。由于此次洪兵起义让地方统治者猝不及防,因此各地州县临时组建起的团练组织没能形成有效统一的领导,造成零碎分散、各自为战的战斗格局。洪兵起义期间广州府的各州县是团练与洪兵斗争的主要战场。在广州府一些斗争较为激烈的州县,如南海、番禺、增城、新会、清远等县都是设立多个团练组织进行防御,也有像顺德、香山等县设立了管理全县的团练组织。在这些的团练组织中,像南海县大沥四堡和九江乡,番禺县的沙湾、茭塘、石桥乡等地区的团练组织,是由当地士绅捐资募勇、自行发起的,而像清远、新会、新宁、龙门等州县的团练组织则是由地方知县倡导、劝谕,当地士绅领导组建形成的。各地州县虽然在广东洪兵起义爆发初期(1854)被洪兵起义军迅速占领,但许多洪兵起义军采取流动式作战且各部起义军的作战之间缺乏有效的配合,同时不乏一些骑墙派的起义军头领见起义局势不妙便向清军投诚,所以在洪兵起义的翌年,即咸丰五年(1855),广东大规模的洪兵起义活动基本结束。

咸丰五年之后,洪兵节节败退,广东许多州县相继被清军收复。广东洪兵起义军在清军和地方团练的联合打击之下,陆续向广东邻近其他省份(广西、湖南、江西等省)进行转移,其中陈开、李文茂所部撤往广西,在广东、广西交界地带建立大成政权,而何六、陈金釭所部则撤往湘南地区,继续与清军作斗争。粤北的陈金釭所部则占领肇庆府怀集县和开建县两地,自号"南兴王",建立大洪政权继续与清军斗争。同治三年(1864),大成国政权覆亡,宣告广东洪兵起义结束。

第二节 第二次鸦片战争与广东团练活动(1856—1862)

广东洪兵起义之后,咸丰六年(1856)广东地区相继爆发了第二次鸦片战争。咸丰七年(1857)英法联军直接对广州城发动进攻,此时广东大部分清军被洪兵所牵制，广州城内守备空虚，因此英法联军几乎没有遇到任何抵抗便占领了广州城，两广总督叶名琛、广东巡抚柏贵皆成为英法联军的俘虏。随之朝廷发布上谕，免除叶名琛两广总督以及办理善后（即通商事宜大臣）的职务，改派黄宗汉接任。黄宗汉未到之前，暂时由柏贵署理，并命罗惇衍、龙元僖、苏廷魁办理广东团练，力图克复省城，授予3人"钦差办理夷务关防"。① 至此，罗惇衍、龙元僖、苏廷魁和广东众多地方士绅在广州府花县创建了领导广东全省团练的团练机构——广东团练总局。省级团练机构的创立代表了清代广东团练活动达到有史以来最高等级与最大规模的标准。

面临着广州城被占领的情况，广东团练总局的位置要设置在何处为好呢？广东团练总局办理者罗惇衍、龙元僖和苏廷魁三人"初意在顺德设局"，后来分析认为"顺德近海，番舶顷刻可到，势难设局，惟花县在省北，离城一百余里，皆陆路不通舟楫，且可与省北石井一带乡团联络，可战可守"②。最后广东团练总局的地点设立在广州城郊北部的花县。

关于英法联军占领广州城，朝廷当局又是何种反应呢？朝廷要龙元僖等人设立广东团练总局的目的在于借助团练向入城的英法联军施压，"将该夷驱逐出城"③。此时朝廷面对英法联军俘虏督抚，广东省无人主政的局面，打算联合民间团练，做好与英法联军战斗准备。咸丰皇帝的许多圣谕都表明了第二次鸦片战争之初，面对英法联军的无端挑衅，咸丰皇帝采取的是一种主战态度④。

咸丰皇帝决意与英法侵略者开战，并向广东当局和督办广东团练的罗惇衍、龙元僖、苏廷魁等人下达相应的指令。黄宗汉在上任两广总督之际曾前往花县就此询问过三绅的意见，三绅认为陆路方面尚可一战。但是水路方面

---

① 广东省地方史志编委会办公室、广州市地方志编委会办公室编：《清实录·广东史料》第5册，广东省地图出版社1995年版，第105页。
② [清] 华廷杰.《触藩始末》，齐思和主编：《第二次鸦片战争》第1册，上海人民出版社1978年版，第192页。
③ [清] 华廷杰.《触藩始末》，齐思和主编：《中国近代史资料丛刊、第二次鸦片战争》第1册，上海人民出版社1978年版，第192页。
④ 广东省地方史志编委会办公室、广州市地方志编委会办公室编：《清实录·广东史料》第5册，广东省地图出版社1995年版，第102－105页。

洋人坚船利炮，双方实力悬殊，不宜在水路作战。①

既然朝廷决意联络地方乡团，在陆路围攻被占领的广州城，驱逐英法侵略者，那么其战斗的结果如何呢？

一、广东团练总局统辖下的各州县团练

广东团练总局成立以后，将番禺、南海、东莞、顺德、花县（今广州花都区）、香山等县的团练都纳入其控制之下。其领导的广东团练组织有南海石井公局、佛山团防局、顺德团练总局、顺德水藤乡团练总局、三元里萧冈公局等，此外还有其他县一些士绅领导的地方团练也归广东团练总局管控，如香山县士绅林福盛领导的团练（有些文献简称"香勇"）、东莞县孝廉何仁山领导的团练（"东莞勇"）、新安县主事陈桂籍领导的团练（"新勇"）、千总邓安邦率领的"邓勇"，以及花县等地的练勇。对于广东团练总局领导的其他州县团练情况，相关的文献资料记录并不全面，所以在下文的叙述中，笔者择其中记录较为全面的石井公局和佛山团防局两部分进行介绍。

（一）石井公局

在面对英法联军占领广州城的情况下，广州城附近的一些州县纷纷成立团练组织，其中包括在广东团练总局创立之前设立于南海县石井墟的石井公局。

咸丰七年十一月二十七日（1858年1月11日）南海知县华廷杰与番禺知县李星衢商议，联合广州府14个县地方有名士绅梁葆训（举人）、王汉桥（山长）、林九如（知府）、许其光（编修）等人，在南海县石井墟设立石井公局，并制定了团练章程颁发给14个县的士绅②。其团练章程大致内容如下：

首先，关于石井公局的经费筹集问题。"广州府署发当生息之本银，除四年军务提用外，尚余十三四万可以收用。外四县东、顺、香、新及增城、花县等处，仓谷尚存十余万石，或碾米充银，或变价折银，亦可得十万。其时运道广府三处移出现银，除接济西北两江军营外，尚可存银十万，综计可

---

① ［清］华廷杰：《触藩始末》，齐思和主编：《中国近代史资料丛刊·第二次鸦片战争》第1册，上海：上海人民出版社1979年版，第195页。

② ［清］华廷杰：《触藩始末》，齐思和主编：《第二次鸦片战争》第1册，上海人民出版社1978年版，第187页。

定三十万。此外则用两县印票筹借，或抵兑钱银，亦可源源接济。"①

其次，参加石井公局的局绅有，顺德在籍户部侍郎罗惇衍，太常寺卿龙元僖，香山、新会原办团练之局绅，东莞孝廉何仁山，增城之在籍主事陈维岳，番禺沙湾、茭塘士绅，南海大沥、佛山、九江、江浦士绅，以及广州府十四县凡有时望的绅衿。②

再次，石井公局设立的地点在石井墟以内的某村，离城三十里。③

然后，关于团练武器方面。"飞函香、顺、东、新四县，每县造抬枪二百枝、火药二万斤。"④

最后，关于此次会议的两个议题，即如何迫使英法联军退出广州城和如何营救出被困广州城的广东巡抚柏贵。对于前面的问题，众绅认为"议事定后，各县绅衿各带乡勇，或数千或数百。分别旗帜，申明号令，约集四五万人，驻扎城西北离城二三十里之乡村，振作军威，且按兵勿战，先令通事入城，与议退城条约。如战则用东莞勇、新安勇、潮勇、林勇，共一万人进击，并伏死士于城内，约内外夹攻"⑤。对于后面的问题，众绅认为"议将柏抚宪设法夺出，其时各城门及抚署以外，尚无敌兵巡防，抚署东是空园，临卫边街，拟于五更后，用死士数人，将抚宪背出，先入卫边街民房，俟开城时，乘小肩舆而出"⑥。

由于当时朝廷对于英法联军占领广州城的举动没有做出明确的表态，因此石井公局并未主动向英法联军发起进攻，所以对英法联军的行动保持时刻的警惕，固守广州城北部，以防英法联军进一步北上。⑦ 由于石井公局对于

---

① ［清］华廷杰：《触藩始末》，齐思和主编：《第二次鸦片战争》第 1 册，上海人民出版社 1978 年版，第 187 页。
② ［清］华廷杰：《触藩始末》，齐思和主编：《第二次鸦片战争》第 1 册，上海人民出版社 1978 年版，第 187 页。
③ ［清］华廷杰：《触藩始末》，齐思和主编：《第二次鸦片战争》第 1 册，上海人民出版社 1979 年版，第 187 页。
④ ［清］华廷杰：《触藩始末》，齐思和主编：《第二次鸦片战争》第 1 册，上海人民出版社 1978 版，第 187 页。
⑤ ［清］华廷杰：《触藩始末》，齐思和主编：《第二次鸦片战争》第 1 册，上海人民出版社 1978 版，第 187－188 页。
⑥ ［清］华廷杰：《触藩始末》，齐思和主编：《第二次鸦片战争》第 1 册，上海人民出版社 1978 版，第 188 页。
⑦ ［清］华廷杰：《触藩始末》，齐思和主编：《第二次鸦片战争》第 1 册，上海人民出版社 1978 版，第 190 页。

广州城北路有着重要的防御作用,成为广东团练中北路团练的主要力量,因此后来广东团练总局选址上也将与石井公局的联络考虑在内,最终选择距离石井公局不远的花县作为广东团练总局的地址。此后在一系列团练活动中,石井公局与广东团练总局展开密切的合作。

(二) 佛山团防局

佛山团防局,即南海县大沥四堡九十六乡团练。镇压洪兵起义后,佛山士绅冼凤诏在佛山建立团防局。当时团防局的职能是协助佛山同知、巡检清剿洪兵起义军余党,同时加强佛山城市的安全防范。佛山团防局总局设立在大魁堂,下设16局分驻各地。

表8-2 咸丰年间佛山团防局建置表①

局名	设置地点
总局	祖庙大魁堂
绥字局	汾水铺
安字局	福德铺
联字局	富文铺
守字局	观音堂铺
果字局	彩阳、仙涌、医灵涌
稽字局	纪岗、石路头、黄伞、丰宁铺
永字局	祖庙、山紫铺
平字局	鹰嘴沙
靖字局	大基头铺
戢字局	社亭、岳庙、真明铺
合字局	沙洛浦
御字局	潘涌、鹤园涌
力字局	突岐、明心、耆老铺
巡字局	栅下、东头铺
远字局	桥亭、照明、锦澜铺
定字局	文昌沙

---

① 佛山市图书馆整理、冼宝干编纂:《民国佛山忠义乡志》(校注本)上册,卷3,建置志,岳麓书社2017年版,第115页。

佛山团防局及下属 16 分局都由士绅主持。团防局总局局绅为莫以枋、王福康、吴乃煌、常川等人。下属分局也是如此，如工部主事黎思劭等主持锦澜铺公局，邓龙骧主持潘涌铺公局，绅耆黎上进、黎裕成主持大基头铺公局。其他参与佛山团防局事务的士绅还有任本皋、罗熊光、霍湝等[①]。

第二次鸦片战争后，龙元僖等人在花县创设广东团练总局，并号召附近各乡办理团练。佛山附近九十六乡团练是当时主要团练之一。[②] 咸丰八年六月（1858 年 7 月），佛山团练与东莞团练在广州城郊外榕树头（地名）伏击英法侵略军，毙敌 100 多人，英领事巴夏礼坠落马下，几乎被俘。七月，团练围攻广州城，登上了城墙西北角和冲入西门，毙伤侵略军多人。佛山团防局还派员前往港澳地区动员港澳同胞"绝贸易、断接济、禁服役"，爱国的港澳同胞闻讯后纷纷返乡，使港澳商业处于停顿状态。广州城也实施封港的办法，使占据广州城的英法联军无从得到接济。[③] 咸丰九年（1859），佛山团防局被解散。光绪十年（1884）和二十六年（1900），由于中法战争和八国联军侵华战争，佛山团防局重新设立。

表 8-3　清代佛山团防局设立情况表[④]

序号	时间	事由	主持士绅
1	咸丰四年（1854 年）	广东洪兵起义	莫以枋、王福康（拔贡、在职郎中）、吴乃煌（举人）
2	咸丰七年（1857 年）	第二次鸦片战争	李应棠（在籍知府）
3	光绪十年（1884 年）	中法战争	骆天保、梁思溥
4	光绪二十六年（1900 年）	八国联军侵华战争	戴鸿惠

二、广东团练与英法联军的斗争

广东团练总局为实现将英法侵略者赶出广州城的战略目的，部署了两项

---

① 佛山市图书馆整理、冼宝干编纂：《民国佛山忠义乡志》（校注本）下册，卷 14，人物志，岳麓书社 2017 年版，第 654-656 页。
② 佛山市图书馆整理、冼宝干编纂：《民国佛山忠义乡志》（校注本）上册，卷 3，建置志，岳麓书社 2017 年版，第 114 页。
③ [清] 华廷杰：《触藩始末》，齐思和主编：《第二次鸦片战争》第 1 册，上海人民出版社 1978 年版，第 194-195 页。
④ 佛山市图书馆整理、冼宝干编纂：《民国佛山忠义乡志》（校注本）上册，卷 3，建置志，岳麓书社 2017 年版，第 114 页。

计划:一方面是在广州北郊一带聚集力量,以江村为中心,"一俟器械齐备,练勇云集,即各路同时并举,力图克复"①。另一方面是"督同各局绅民,各方布置,潜图香港,以捣其巢穴"②。通过切断香港与广州城内英法联军之间的联系,断其接济,使困守城内的英法联军自觉退出广州城。这种有组织的团练抵抗运动对占据广州城的英法联军造成了一定的威胁。咸丰八年(1858),广州城郊的乡村团练使广州城内的英法侵略者感到恐慌,广州城内到处出现反洋人的告示,"成队的恐怖分子乔装成苦力潜入城中"③。广州城郊外的团练对英法联军的连番打击行动导致在一段时间内英法联军不敢到距城门一英里以外的地方巡逻,可见团练活动对于抑制侵略军下乡抢劫看起来是有效的。六月,英法联军和团练又发生了一次较为激烈的战斗,联军800多人进攻部署在东莞榕树头等地的团练队伍。事后对于此次战斗双方各有说辞,罗惇衍向朝廷奏报时声称此次战斗击毙夷人100多人,伤50多人,而英法联军则认为他们摧毁了抵抗军队的营地,取得了战斗的胜利。④ 七月二十一日,广东团练总局组织了一次7000多练勇围攻广州城的战斗,因抵挡不住英法联军架在观音山上的大炮以及停泊在珠江上军舰火炮的轰击,所以攻城只进行了4个小时,围城的练勇宣告撤退,练勇死伤200余人。⑤ 这也表明了英法侵略者无法消除团练绅民的抵抗,而团练却也无力击败英法侵略者,从根本上扭转整个战局。

但真正让团练陷入尴尬处境的是朝廷对洋人态度的转变——由剿夷变为抚夷。咸丰八年六月二十六日(1858年8月5日),英法联军将炮舰开至天津,威胁清政府要进攻北京,迫于无奈清政府只能与英法联军签订了《天津条约》。而广东当局尚未知晓《天津条约》的签订,此时的广东团练与英

---

① 《罗惇衍等奏移扎花县激励绅团密筹布置折》,[清]贾桢等纂:《筹办夷务始末(咸丰朝)》,第3册,中华书局1979年版,第812页。

② 《罗惇衍等奏移扎花县激励绅团密筹布置折》,[清]贾桢等纂:《筹办夷务始末(咸丰朝)》,第3册,中华书局1979年版,第812页。

③ [美]魏斐德:《大门口的陌生人:1839—1861年间华南的社会动乱》,王小荷译,中国社会科学出版社1988年版,第199页。

④ [清]华廷杰:《触藩始末》,齐思和主编:《第二次鸦片战争》第1册,上海人民出版社1978年版,第194页。

⑤ 《罗惇衍等奏粤省团练进攻广州未下折》,[清]贾桢等纂:《筹办夷务始末(咸丰朝)》第3册,中华书局1978年版,第1092页。

法联军围绕广州城的争夺还在进行当中。咸丰皇帝一方面告知两广总督黄宗汉"天津议抚，已有端倪"，另一方面对于广东团练对英法联军的进攻行动不置可否，其态度模棱两可。① 可以说清朝自《天津条约》签订之后对待洋人的态度基本是抚夷，利用团练对洋人的攻杀也只是抚夷的一种策略。清廷希望团练可以形成对洋人的一种军事压力，从而便于清廷作为中间人居中调和，使之"就我范围，不致贪求无厌"。这就是"蓄民团之威，以为局外调停之助"。②

对于罗惇衍、龙元僖等士绅来说，为什么对于外来侵略行为会出现如此强烈的抵制行动？可以说由士绅领导的团练剿夷行动的最根本动机在于"义"与"情"。夷夏之辨的大义构成了中国传统民族主义的内核，所谓"激于忠愤""攘夷狄而尊华夏"，这种"大义"是遭受外来侵略时的必然反应。罗惇衍、龙元僖、苏廷魁等都是饱读诗书的正统士大夫，这种夷夏之防的"义"和对于清王朝的效忠之"情"无疑是他们在第一时间奉旨办团的强烈动机。三元里绅民团练抗英及1849年广州的反入城斗争，使清王朝更加相信"广东绅士咸知大义"。③ 但对于更广大的中下层士绅与民众来说，自18世纪末以来与西方殖民者，尤其是英国人的接触与冲突，夷人留下的都是贪得无厌、蛮横无理的形象，传统的夷夏之辨的文化观念与这种实际的经验相结合，广东社会对夷人便怀着一种既憎恨又恐惧的复杂心理情结，这部分解释了自鸦片战争以后广东绅民一直对英国殖民者持有一种敌视态度的原因所在。

和谈已成对于正在进行的广东团练活动是一个打击，除此之外团练活动经费的难以为继也迫使广东团练活动停止。广东团练经费自有士绅捐借的一部分，再有就是官府会同士绅对商户、居民的强行派捐，现在许多被强行派捐的铺户收到朝廷和议的消息，自然就对派捐进行抵制，使得本就艰难的团练经费更加难以为继。④ 另外，困守广州城内的英法联军为了防止城内居民百姓与城外团练形成内外勾结，采取了一系列的烧街拆屋的报复性行为。

---

① 齐思和主编：《第二次鸦片战争》第3册，上海人民出版社1979年版，第194、459页。
② 齐思和主编：《第二次鸦片战争》第3册，上海人民出版社1978年版，第147、460页。
③ 齐思和主编：《第二次鸦片战争》第3册，上海人民出版社1979年版，第136页。
④ 齐思和主编：《第二次鸦片战争》第3册，上海人民出版社1978年版，第490页。

"又将城内居民铺户严搜,不能行内应外攻之策……敌人每于何处被杀,即将此处民房焚毁,又将无辜良民攫去凌虐,诈银若干。"① "(该夷)含恨百姓愈甚,屡次焚烧房屋,捉杀无辜,竟敢将道光二十八年供奉宣宗成皇帝谕奖百姓翊戴锡荣石坊全行拆毁,民心愈愤,该夷之防备愈严。遂于城上密置大炮,于城下暗伏地雷,又广储食物以为久居之计。"② 尽管城外一系列团练活动每日有所斩获,但领导团练的士绅顾虑到城内的百姓居民,生怕团练的"孟浪进剿,损伤百姓太多",终究"仍属无济于事"③。

由于广州城是战场,居住在城里的百姓苦不堪言,所以城内百姓都希望早日停止这种无休止的动乱状态,并不支持城外团练活动的继续。"他们对龙、罗和苏都毫无好感:现在人们称这 3 个人为海龙王、阎罗王和苏城隍,这是统驭魔鬼的 3 个神灵。"④ 现在城内外绅民的厌战情绪,连同朝廷的停战意愿都表露无遗,因此广东团练活动的停止势在必行,广东团练总局面临着被裁撤的命运。

三、广东团练总局的迁址与裁撤

《天津条约》签订以后,广东团练总局反抗外来侵略的团练斗争宣告结束。广东团练总局虽然得以保留,但广东当时洪兵叛乱仍未平息,因此罗惇衍、龙元僖、苏廷魁等士绅把注意力转移到镇压西北江洪兵叛乱的问题上。"以含愤未伸之勇,歼灭积年巨寇",对英法侵略军则"不复与该国寻仇",并请将"钦差办理广东夷务关防"改为"督办广东团练关防","使夷人不疑,土匪知畏"。⑤ 同时广东团练总局裁减东路和北路的团练乡勇,"仅留精锐五六千归并北路,则虚糜可节,而隐然之威尚存"。⑥

---

① 齐思和主编:《第二次鸦片战争》第 1 册,上海人民出版社 1979 年版,第 193 - 194 页。
② 《罗惇衍等奏粤省团练进攻广州未下折》,[清] 贾桢等纂:《筹办夷务始末(咸丰朝)》第 3 册,中华书局 1979 年版,第 1092 页。
③ 《罗惇衍等奏粤省团练进攻广州未下折》,[清] 贾桢等纂:《筹办夷务始末(咸丰朝)》第 3 册,中华书局 1979 年版,第 1092 页。
④ [美] 凯瑟琳·F. 布鲁纳等编:《步入中国清廷仕途:赫德日记(1854—1863)》,傅曾仁等译,中国海关出版社 2003 年版,第 255 页。
⑤ 齐思和主编:《第二次鸦片战争》第 3 册,上海人民出版社 1978 年版,第 486 - 487 页。
⑥ 齐思和主编:《第二次鸦片战争》第 3 册,上海人民出版社 1979 年版,第 490 页。

但是广东团练组织的存在对停留在广东的英法联军来说就是个巨大的威胁,因此双方的战火一停,英法联军代表要求清政府立即解散广东团练。同时,英法联军在军事上步步紧逼,甚至在咸丰九年(1859)一月数次进攻广州城郊的石井公局、花县的广东团练总局以及肇庆等团练组织,成功摧毁石井公局和位于花县的广东团练总局,迫使三大绅连夜出走。咸丰九年正月(1859年2月),钦差罗惇衍和龙元僖回到顺德县大良,将广东团练总局设立在大良海旁半间潘公祠。同治元年(1862),广东团练总局裁撤。广东团练总局裁撤以后,其他州县的团练组织也相继解散。第二次鸦片战争随着《天津条约》的签订而暂告一段落,而广东珠江三角洲地区西北江流域清军、团练与洪兵的战斗仍在继续。这场在官方主导下的广东第三次大规模团练活动以同治元年(1862)广东团练总局的裁撤宣告结束。

第三节 潮州团练反对英领事入城斗争(1860—1866)

第二次鸦片战争之后,英国为了进一步控制潮汕地区,其驻汕头领事坚佐治于咸丰十年五月(1860年6月)到任后,照会惠潮嘉道赵畇,要求进入潮州府城面商事务。此后,英国领事频繁向清政府照会,并曲解条约,向总理衙门和广东督抚交涉,施加压力。清政府接受英人入城的请求,令广东督抚全权处理。两广总督劳崇光与巡抚耆龄饬地方官员对潮州士绅进行分化、劝导,对人民群众布置弹压,然后答应英人入城。但当英领事抵达城濠时,"突有数百千人,抛掷瓦砾,蜂拥鼓噪,势不可遏",英领事见此情状立即退走。①

此后,几经交涉,清廷经不起英公使的恐吓,于同治四年八月(1865年9月)派两广总督瑞麟前往潮州查办。但瑞麟奉命前,惠潮嘉道已约定

---

① 《瑞麟郭嵩焘奏开导潮郡绅民约英领事坚佐治入城三日折》(同治四年十月丁未,公元十二月三日),齐思和等整理:《筹办夷务始末(道光朝)》第4册,第37卷,中华书局1964年版,第1550页。

英领事进潮州府城日期,因而未去。新任惠潮嘉道张铣,先留总兵翟国彦撤回防勇以"弹压"民众,刊刻告示万张散发"开导",层层布置,"责成各营将弁约束兵丁,府县学宫约束文武生员,局绅约束团勇,各衙门差役约束无籍游勇"。

同治四年九月十三日(1896年11月1日),他派员带英领事入城,留住道署。潮州人民群起反对,闹了一夜,并将出城迎接英领事官员的衙署拆毁。次日,"百姓大张揭帖,商贾均至罢市,人情汹汹"①。同治四年九月十六日(1865年11月4日),原声称要在潮州府城住一个月的英领事被迫提前离城回汕头。同治五年二月(1866年3月),清廷派潮州籍的两淮盐运使丁日昌到广东随同两广总督赴潮州督办。丁日昌留在省城不敢到潮州去。瑞麟接受丁日昌的建议,召潮州著名士绅多人来省接受"劝导",施加压力。②被派往潮州的布政使李福泰和前任潮阳县令冒澄会同潮州镇总兵卓兴采取分化和镇压相结合的办法:先集关厢之衿耆,次及商贾,再次及居民"开导";由绅士刷印公启,挨户分发;改组过去支持反入城斗争的义安总局,在城内设13分局,每局雇勇100名,以加强控制;罗织罪名,陆续逮捕平日积极参加反侵略反入城斗争的詹大吉等6人。而后,他于同治五年五月二十六日(1866年7月8日)殷勤接待新任英驻汕头领事固威林入城,并为他租了今后往来的住所。③英领事住了10天才回汕头。坚持了6年的潮州人民反对英人入城斗争,终因清政府的软弱妥协而失败。

第四节 广东团练与入粤太平军的斗争(1859—1866)

太平天国的"天京事变"之后,翼王石达开于咸丰七年(1857)率部

---

① 《瑞麟郭嵩焘又奏英领事入潮情形并申陈局绅挑唆已委员查办片》,[清]齐思和等整理:《筹办夷务始末(道光朝)》第4册,第37卷,中华书局1964年版,第1553页。

② 《瑞麟奏遵旨办理潮州事宜折》(同治五年四月戊午,三十日,公元六月十二日),齐思和等整理:《筹办夷务始末(道光朝)》第5册,第41卷,中华书局1964年版,第1728页。

③ 《瑞麟蒋益澧奏潮州英领事二次入城在事人员可否奖叙折》(同治五年七月丁卯,十一日,公元八月二十日),齐思和等整理:《筹办夷务始末(道光朝)》第5册,第43卷,中华书局1964年版,第1810页。

众回湘、浙、赣等地区。其部将石镇吉从江西挥师东南，连下福建省建阳、邵武诸郡。咸丰八年五月（1858年6月），石达开占据汀州后，于咸丰九年（1859）春兵分两路向广东进发，二月二十九日（1859年4月2日）从永定挥师，占据大埔县城（今茶阳）。城东人饶平右营兵马彭简骅、大埔县尉饶访经等招募乡勇，企图收复城池，与太平军遇于南湖坪，与战不敌，众皆败走，彭、饶等七十多人战死。① 三月二十六日（4月28日），大埔县令缪中孚再从四乡复募团勇，向县城云集，石达开率部经坪沙向嘉应州进发，四月二十三日（5月25日）攻破嘉应州城。② 两广总督叶名琛率众由兴宁赴救嘉应州。五月三日（6月3日），石达开率部撤退，转向江西、湖南。

同治三年七月（1864年8月），太平天国天京失陷，侍王李世贤和康王汪海洋率部众南下，进攻福建。同治四年四月（1865年5月），方耀率部屯大埔县城，总兵郑绍忠屯兵城郊之校场坝（茶阳东门）。汪海洋受福建清兵追击，率众十万由永定、平和南下，进攻广东潮州府大埔县。抵境后，岩上、同仁、百侯等处的绅耆组建团练抵御，均战败身亡。同年太平军兵临大埔时，嘉应州附近州县已开始招集团练防守。九月，太平军到达大埔县北胜乡，丰顺的团练已在旌墩岌凹设防③，防备太平军。同时左宗棠率部由闽南下，进驻大埔县城。左命粤军炮船扼守三河坝，并派遣大军包围据守镇平的太平军。九月二十八日（10月28日），汪部突围入江西，又复受挫，折返平和、饶平。饶平县令设团练，扼守柏嵩关、老虎关、分水关等，汪部乃复回师到大埔县城④。汪部无法在大埔县城久驻，因此转战嘉应州，于十二月复占嘉应州。当时汪军还有十万之众，声势颇为浩大。当康王汪海洋攻下嘉应州时，丰顺县即行戒严，县令钱诵清遵左宗棠令，集丰顺官军和卅二局团

---

① 《（同治）大埔县志》卷9，兵防志，《广东历代方志集成·潮州府部（二十一）》，岭南美术出版社2009年版，第421页。

② 《（民国）大埔县志（四）》卷38，大事记下，《广东历代方志集成·潮州府部（二十五）》，岭南美术出版社2009年版，第2711-2712页。

③ 陈周棠主编：《广东地区太平天国史料选编》，广东人民出版社1986年版，第179页。

④ 《（光绪）饶平县志》卷13，寇变，《中国地方志集成·广东府县志辑》第27册，上海书店出版社2003年版，第253页。

勇 8 千人驻守北溪凹。① 当时，丰顺"义安局"绅士汪步云向钱诵清建议，将北溪凹与嘉应州相通的一孔羊肠小道挖断，以阻碍太平军。县令钱诵清予以采纳。同治五年一月二十八日（1866 年 3 月 14 日），左宗棠集结大部兵力，集中炮火包围嘉应州城。汪海洋亲自出阵指挥战斗，不幸中炮身亡，余众八万由谭体元率领，转移丰顺。当太平军从嘉应州退至丰顺北溪凹时，道路已经被当地团练掘断，附近还有民团防守。太平军此时后有追兵，前无道路，加之清军滚木礌石轰击，人马又自相践踏，一时滚下山崖，血肉横飞，伤亡惨重。最后退守丰顺北溪凹的太平军全数被清军消灭。至此，入粤的太平军余部在清军和地方团练的联合攻击下全军覆没。②

---

① 《（民国）丰顺县志》卷 3，大事记，《广东历代方志集成·潮州府部（三十一）》，岭南美术出版社 2009 年版，第 85 页。

② 《太平天国史料丛编简辑》第 1 册，中华书局 1961 年版，第 91－135 页。广东省地方史志编委会办公室、广州市地方志编委会办公室：《清实录广东史料》第 5 册，广东省地图出版社 1995 年版，第 276－342 页。广东省文史研究馆、中山大学历史编：《广东洪兵起义史料》中册，广东人民出版社 1992 年版，第 747－770 页。

第九章
光绪、宣统年间广东团练活动

　　光绪、宣统年间是清朝统治最为动乱的历史时期。这一时期清政府政权统治风雨飘摇，全国性的盗匪问题成为清政府统治的"心腹大患"，西方列强对中国的侵略更为加剧。此时期的广东亦是"内忧外患"并举，例如中法战争期间法国侵略者对广东地区的觊觎，及其此后对广州湾的侵占。继法国侵略者之后，英国相继对香港新界地区实施侵占。不甘落后的葡萄牙殖民者亦相继提出扩展澳门租界界址，妄图对澳门附近区域实施侵占。外患方面，广东团练积极与外来侵略者进行不懈斗争。中法战争期间，广东当局为应对法国侵略者可能的军事进攻，积极备防，展开全省团练活动，组建各地团练组织。光绪二十四年至二十五年（1898—1899），遂溪团练和新界团练分别与侵占广州湾的法国殖民者及侵占香港新界的英国殖民者展开斗争。宣统元年至三年（1909—1911），围绕澳门划界问题，面对葡萄牙殖民者对澳门以外区域的武力强占，香山县团练发起抗葡斗争。内乱方面，清末广东地区盗匪猖獗，成为严重的社会治安问题。在广东当局的主导下，广东各地组建团练组织，打击盗匪，维护社会治安。光绪、宣统年间，中法战争与广东盗匪问题促发了清末广东全省两次大规模的团练活动。

第一节　中法战争期间的团练活动（1884—1885）

　　清代广东由官方主导的第四次大规模团练活动，主要围绕防范中法战争期间法国侵略者对广东的进犯而展开的。此次团练活动以光绪十年六月十三日（1884年8月3日），两广总督张之洞发布的《就捐办团告示》为开始标志，以光绪十一年四月二十七日（1885年6月9日）中法战争的结束为结束标志，持续不到一年。由于此次团练活动对法国侵略者进行积极的防范，致使法国侵略者不敢对广东地区实施进犯。

一、中法战争与广东备战

光绪八年（1882），法国入侵越南并占领越南河内，进一步觊觎与越南接壤的中国的两广、云南地区。光绪九年（1883），法军攻陷越南南定，中法两国在越南北部交战。光绪十年（1884），法军占领越南红河三角洲，进逼中国边境，扬言要进攻广东。

中法战争开战之初，朝廷在对待法国侵略的问题上，有主和与主战两派之争。主和派人数较少，但势力庞大，其中以奕䜣、李鸿章、翁同龢等为代表。光绪八年（1882），法国进兵越南，进而威胁中国边疆，正当此时，主和派李鸿章掌握外交大权，直至中法开战，朝廷对法国侵略者的态度仍是以避战求和为主。时任广东巡抚兼任两广总督裕宽也是主和派，他对法越战争采取一种"不必豫闻"的态度。①

随后曾国荃、张树声先后接任两广总督，他们属于主战派，因此对广东防务有所部署，以应对法国可能的侵略。张树声尽管是李鸿章淮军的嫡系，但在全国一致要求抗法的形势下，他并没有附和李鸿章的求和主张，却是转向主战。中法战争迫在眉睫，清廷开始布置沿海、沿江防务。② 光绪九年八月二十二日（1883年9月22日），朝廷谕令力主抗战的兵部尚书彭玉麟为钦差大臣，前往广东妥置布防。彭玉麟到任途中发给总督张树声的信件中包括了拟办团练告示。③

---

① 《军机处寄广东巡抚裕宽上谕》，光绪十年五月十九日，中国史学会主编《中法战争》第5册，上海人民出版社1957年版，第122页。
② 《谕彭玉麟左宗棠寻衅着法以兵船寻衅着实力筹办》，光绪九年八月二十二日，王彦威、王亮辑编：《清季外交史料》第2册，湖南师范大学出版社2015年版，第670页。
③ 《奏报赴粤部署大略折》，光绪九年九月十九日，[清]彭玉麟：《彭玉麟集》上册，岳麓书社2003年版，第349页。

然而，总督张树声围绕钦差大臣彭玉麟所拟团练告示中有"准视法为仇，诛其党类，食肉寝皮饮血"等语，攻击彭玉麟有挑动民愤，轻启战端的意向，故而不予印刷、张贴。①彭玉麟为湘系，与张树声本就有湘淮的门户之见，张抓住彭所拟告示中的某些内容不符清廷"不可衅自我开"的方针大做文章，乘机排挤彭玉麟。钦差大臣彭玉麟与总督张树声之间的互相挤对，严重影响广东防务。②从光绪八年到十年（1882—1884）曾国荃、裕宽、张树声、张之洞先后接任两广总督，基本上每年一换。督抚的频繁更换对广东的防务产生严重的影响。光绪十年（1884），张之洞接任两广总督之时，法国侵略军已经攻克越南的南定，法舰已经开进广东洋面准备进攻琼州和广东，面对法国侵略者咄咄逼人的态势，广东的防务危如累卵。

张之洞原任山西巡抚，力主抗法，在还没接任两广总督之前，他担心朝廷对于法国侵略者采取避战求和的态度，于是向朝廷上疏表明自己主战态度和陈述自己的布防计划。③张之洞在向皇帝的奏折中提到了倡办团练的计划，认为应当鼓励乡民办团，加强沿海防御。"粤民素强，敢于洋人战，近以沙面之案，积愤思斗，不惟兵勇，即乡团皆劲兵也，激而用之，咄嗟可办"④光绪十年正月二十八日（1884年2月24日），彭玉麟也向朝廷呈交了一份《会广东团练捐输事宜折》，再次强调了广东团练在广东防务中的重要性。该折的中心主旨与张之洞的奏折大致相同，且进一步推荐了龙元僖、黎兆棠、叶衍兰、黄槐森、麦宝常和彭玉麟自己负责广州府地区的团练，推荐冯子材、李起高、潘存等人负责西路高、廉、雷、琼等府的团练。⑤

---

① 《致总署》，光绪十年十月三十日，中国史学会主编：《中法战争》第2册，上海人民出版社1957年版，第542页。

② [清]张之洞：《与张幼樵》（光绪九年十一月初六日），王树枏编：《张文襄公（之洞）全集·书札》卷214，书札，沈云龙主编：《近代中国史料丛刊》第49辑，文海出版社1970年版，第15440页。

③ 《法患未已不可罢兵折》（光绪九年十一月初一日），王树枏编：《张文襄公（之洞）全集·奏疏》卷7，奏议，沈云龙主编：《近代中国史料丛刊》第46辑，文海出版社1970年版，第740-745页。

④ 《法衅已成敬陈战守事宜折》（光绪九年十一月初一日），王树枏编：《张文襄公（之洞）全集·奏疏》卷7，奏议，沈云龙主编：《近代中国史料丛刊》第46辑，文海出版社1970年版，第734页。

⑤ 《会奏广东团练捐输事宜折》，光绪十年正月二十八日，[清]彭玉麟：《彭玉麟集》上册，岳麓书社2003年版，第376页。

张之洞提出的战守计划中诸多观点与彭玉麟不谋而合，因此两人一拍即合，共同巡阅各海口数日，商讨海防诸务，制订防务方案。光绪十年六月十三日（1884年8月3日），总督张之洞向民间发布了《就捐办团告示》，宣告了广东第四次团练活动的开始。① 在张之洞的防务计划中，将广东全省的防务大略分为省防、琼防、廉防、潮防四处。② 而各地州县的团练是作为地方官军的一个重要辅助武装力量。由于在历次对外战争中，广州城在两次鸦片战争中皆落入敌手，因此在此次中法战争中，张之洞借鉴以往的经验教训，将广州城的防守作为广东防务的防御重点，并加强对广州城周围州县的军事布防。其防务方案的要点是：以广东中路省防为重点，兼顾廉防、琼防、潮防东西两翼；其中省防以虎门为门户，以虎门与黄埔为守御重点，从珠江口到省城广州，四层设防；同时构筑炮台，集结绿营兵勇，水陆相辅，官兵不足时辅之以民团。因此，在张之洞与彭玉麟商定的防守省城方案中，把民间团练作为储备的军事力量列入省城防守计划中。③

二、全省团练活动的开展

在应对法国的侵略战争威胁中，张之洞与彭玉麟不仅巡视了当时广东的海防情况，而且共同拟订了详细的防务方案。在张之洞防务计划中，各地州县的团练是作为地方官军的一个重要辅助武装力量。他将广东全省的防务大略分为省防、琼防、廉防、潮防四处。④

其中广州府的省防方面的团练分为两个部分，一是团练捐输事宜，二是广州府各州县团练的部署。由于咸丰第二次鸦片战争期间龙元僖在主持顺德团练总局捐输事项上有出色表现，于是张之洞将团练捐输事宜交由前太常寺

---

① 《就捐办团示》（光绪十年六月二十三日），苑书义、孙华峰、李秉新主编：《张之洞全集》第6册，卷167，公牍，河北人民出版社1998年版，第4848—4850页。

② [清]张之洞：《敬陈防海情形折》（光绪十年九月初三日），王树枏编：《张文襄公（之洞）全集·奏疏》卷9，奏议，沈云龙主编：《近代中国史料丛刊》第46辑，文海出版社1970年版，第891页。

③ 《力阻和议片》，光绪十年四月二十八日，[清]彭玉麟：《彭玉麟集》上册，岳麓书社2003年版，第390页。

④ [清]张之洞：《敬陈防海情形折》（光绪十年九月初三日），王树枏编：《张文襄公（之洞）全集·奏疏》卷9，奏议，沈云龙主编：《近代中国史料丛刊》第46辑，文海出版社1970年版，第891—907页。

卿龙元僖，前光禄寺卿黎兆棠，礼部侍郎、侍读学士李文田，前户部郎中叶衍兰，前直隶大顺广道黄槐森，吏部主事麦宝常，江西抚州曹守秉濬，前甘肃兰州道曹道秉哲等士绅负责。①"剀谕绅民竭力输将，此责在厘务捐输、沙田各局者也。各有攸司一无可缓除。"②当然，以上各绅也兼办各自所在州县的团练事宜。办团期间以上负责团练各绅也有一定的人员变动，例如主持顺德团防事务的龙元僖，此时已然高龄，并于光绪十年十月去世，因此顺德团防总局由委员通判杨炳勋、候补都司罗惇材负责。在官府的极力推动下，"省城东北之三十六乡，西北之三元里、江村、石镇一带，省西之九十六乡，西南之沙茭公所，南海属之佛山镇、五斗司，省南沿海大角以西之南沙等处"皆办理成团。③

广东防务以省防为重点，其中省防的防御重点在于严守沿海五门防务（崖门、横门、虎跳门、磨刀门、蕉门），因此谕令方耀办理五门附近各州县的防务。④ 五门一旦有警，则饬令五门附近州县的团练相互协防，如沙角、威远有警则佐以濂溪、竹溪二社团练，沙路有警则佐以沙湾、菱塘二司团练，鱼珠有警则佐以鹿步司及东莞、新安两县团练，白云山各营有警则佐以慕德里等社团练，增步有警则佐以三元等里、恩洲十四乡、大沥四堡团练，五斗口有警则佐以五斗司、佛山镇等处团练。⑤

另外，珠江口虎门的战略位置亦极为重要，该处由总督张之洞、钦差大

---

① 《清实录》第54册，德宗景皇帝实录（三），卷195，光绪十年十月己卯，中华书局1986年版，第776－777页。

② 《札司道各局速筹防务》（光绪十年六月二十七日），王树枏编：《张文襄公（之洞）全集·公牍》卷90，公牍，沈云龙主编：《近代中国史料丛刊》第48辑，文海出版社1970年版，第6235页。

③ 《札知县张琮等催办近省团练》（光绪十年七月十三日），王树枏编：《张文襄公（之洞）全集·公牍》卷90，公牍，沈云龙主编：《近代中国史料丛刊》第48辑，文海出版社1970年版，第6249页。

④ 《咨水师提督催办团练》（光绪十年六月初八日），王树枏编：《张文襄公（之洞）全集·公牍》卷90，公牍，沈云龙主编：《近代中国史料丛刊》第48辑，文海出版社1970年版，第6219－6221页。

⑤ ［清］张之洞：《敬陈防海情形折》（光绪十年九月初三日），王树枏编：《张文襄公（之洞）全集·奏疏》卷9，奏议，沈云龙主编：《近代中国史料丛刊》第46辑，文海出版社1970年版，第897页。

臣彭玉麟亲自领军设防。① 光绪十年七月十一日（1884年8月31日），总督张之洞接到上海发来的关于法船已有来粤的电报，亟应迅速做好应战准备。张之洞探查到虎门地区威远、沙角派台一带地势广阔，应加强该地区的设防，以备敌人抄袭后路。此外，张之洞饬令水师提督方耀飞调濂溪、竹溪两社团练予以策应，一旦虎门处威远与沙角炮台遇警，则立即予以接应，莫使侵略者登岸。②

琼防方面的防御主要由雷琼道王之春、琼州镇总兵吴全美负责。③ 由于琼州孤悬海外，因此由吴全美将分驻龙门一营饬调琼州，以加强琼州防御。同时现署雷琼道王之春率领毅字湘勇二营，并抽调署南韶连镇总兵郑绍忠所部安勇二营，并归该道统带赴琼，力筹防堵。④ 禀请添募红单船水师两营，分泊各港，严加备御。在雷州府和琼州府办理团练方面，总督张之洞推荐了前户部主事潘存办理各属团练，同时照会前福建汀延邵镇总兵林宜华、户部主事陈乔森帮同潘存筹办⑤。

廉防方面的防御由高州镇总兵张得禄等人负责，钦州方面的团练交由前广西提督冯子材负责。⑥ 冯子材在组建地方团练的基础上建成萃军，萃军的组建方式是依靠调动团练与树旗招募的方式相结合，即发动群众投军与自上而下委任相结合的方式组建萃军。冯子材一边调动地方团练，编练成军，一边四出告示，树旗招兵，委任各营管带分赴各地开展招兵工作。冯子材萃军

---

① 《札广州府塞河筑台》（光绪十年七月二十四日），王树枏编：《张文襄公（之洞）全集·公牍》卷90，公牍，沈云龙主编：《近代中国史料丛刊》第48辑，文海出版社1970年版，第6259页。

② 《咨水师提督调派团练》（光绪十年七月十一日），王树枏编：《张文襄公（之洞）全集·公牍》卷90，公牍，沈云龙主编：《近代中国史料丛刊》第48辑，文海出版社1970年版，第6246页。

③ 饶宗颐：《潮州志》职官志，武职，潮州修志馆1949年版。[清]张之洞：《敬陈防海情形折》（光绪十年九月初三日），王树枏编：《张文襄公（之洞）全集·奏疏》卷9，奏议，沈云龙主编：《近代中国史料丛刊》第46辑，文海出版社1970年版，第898页。

④ 《会奏筹防琼州折》，光绪十年三月十二日，[清]彭玉麟著，梁绍辉等整理：《彭玉麟集》上册，岳麓书社2003年版，第382页。

⑤ 《会奏筹防琼州折》，光绪十年三月十二日，[清]彭玉麟：《彭玉麟集》上册，岳麓书社2003年版，第382页。

⑥ [清]张之洞：《敬陈防海情形折》（光绪十年九月初三日），王树枏编：《张文襄公（之洞）全集·奏疏》卷9，奏议，沈云龙主编：《近代中国史料丛刊》第46辑，文海出版社1970年版，第898—901页。

建成并迅速开赴中法战争的前线，投入到前线的战斗之中，可以说冯子材组建起的地方团练对于拱卫中国南部边疆海防起到重要的作用。至于廉防中北海一口的防务工作则由高州镇总兵张德禄和李起高负责。光绪十年九月（1884年10月），法舰行驶至竹山口一带，企图与当地的法国传教士和教民里应外合袭占北海。总督张之洞饬令张德禄、李起高带领所部官军，并联络地方民团，严密守御，如遇袭扰则奋勇还击。①

潮防方面，在人员任命上，光绪十年（1884），总督张之洞责成惠潮嘉道张联桂、潮州镇总兵王孝祺联团集饷，就地筹防。②"汕头距省较远，恐有鞭长莫及之虞。"③ 在潮防的部署当中，相较于汕头，潮州的战略位置极为重要，办潮州团练上可以兼顾漳州、泉州，下可以接援广州、惠州两地。处于要冲之地的潮州应当多募集一些水勇，加强该地的防守，亦可辅兵力之不足。因此朝廷谕令彭玉麟、张之洞、倪文蔚饬令该处地方官，会同绅士，认真筹办，务期缓急足恃。④ 并且"潮州素称殷实，民情骁果善战，见义勇为，当此中外多事之日，必有同仇敌忾之心。有力者量力捐资，无力者抽丁团练，就本地之财力，办本地之海防"⑤。

除了潮州本地办团，惠潮嘉道张联桂乃分饬海丰、陆丰、潮阳、揭阳、普宁、丰顺、兴宁等县赶办团练，卫援相资，不经官调。⑥ 潮州团练具体的办团原则官府已明确作出规定："按照各乡壮丁人数派出一成，每百人为一小团，以团长团副各一人管之，五百人为一大团，一团总一人率之。其畸零小村不及百人者令其归并附近大村办理。复以每都设团练公局一所，各就本

---

① 《批高州镇禀法船窥探海口情形》（光绪十年八月二十五日），中国史学会主编：《中法战争》第5册，上海人民出版社1957年版，第35页。
② ［清］张之洞：《敬陈防海情形折》（光绪十年九月初三日），王树枬编：《张文襄公（之洞）全集·奏疏》卷9，奏议，沈云龙主编：《近代中国史料丛刊》第46辑，文海出版社1970年版，第898－901页。
③ 饶宗颐：《潮州志》兵防志，海防，附录，潮州修志馆1949年版。
④ 《清实录》第54册，德宗景皇帝实录（三），卷194，光绪十年九月壬戌，中华书局1986年版，第749页。
⑤ 饶宗颐：《潮州志》兵防志，海防，附录，潮州修志馆1949年版。
⑥ 饶宗颐：《潮州志》兵防志，海防，附录，潮州修志馆1949年版。

都选派明白晓事之公正绅耆总理其事。无事则各安耕作,有事则共卫乡间。"① 潮州团练共计团丁9万余名,其中"海阳设局十处得团丁一万二千零七十八名,潮阳设局十三处,得团丁二万九千三百六十五名,揭阳设局八处,得团丁一万六千七百三十九名,饶平设局八处,得团丁一万三千一百四十五名,南澳设局三处,得团丁二千名,均缴有花押清册,可以按籍而稽,随时点检"②。另外要求"团练与保甲相辅而行,诚能杜内匪之勾结,断奸民之接济,使敌人不敢弃船深入,即内地不至遭其蹂躏,其效固不仅虚张声势,补兵力所不及也"③。至于物资配给方面,"惟旗帜、号衣、枪炮、器械均须官为给发。现拟小团给与大旗一枝、小旗二十枝,大团给与大旗五枝、小旗一百枝。每人给与洋布背心一件,前后书明某县某团以示区别,并拟酌给军械,存储各都团局以便随时领出练习,用毕仍令缴存各局。其火药、铅弹等件俟临时酌发,以昭慎重"④。

在官府的极力推动之下,潮州府海阳县属之庵埠、上莆、龙溪,澄海县属之汕头、鸥汀、外砂、蓬洲,揭阳县属之钱岗、北寨、枫口、渔湖、棉湖等乡均已办成团练,唯有汕头、华洋等处的团练良莠不齐,仅有团丁500名,且是各行铺雇工凑集而成。于是广东当局饬令当地官员从鸥汀等三十八乡内挑出团勇一千名。每月小口粮及团长团副薪水均照鸥汀局发给,以为南北港炮台应援,并与崎碌炮台首尾相顾,以上团勇一千五百名。遇警接仗即照营勇大口粮发给。每局由官给旗帜、号衣、洋枪、抬枪军火。⑤

中法战争期间,两广总督张之洞在广东地区的布防采取分区片、专人负责的形式,各地官兵与团练皆有专门指定的负责人。也正由于张之洞的布防得当,使得法国侵略者未敢进犯广东,只是派遣军舰在广东洋面进行骚扰。

---

① 《再与惠潮嘉道会禀张制府言潮州海防事》,饶宗颐:《潮州志》兵防志,海防,附录,潮州修志馆1949年版。

② 《再与惠潮嘉道会禀张制府言潮州海防事》,饶宗颐:《潮州志》兵防志,海防,附录,潮州修志馆1949年版。

③ 《再与惠潮嘉道会禀张制府言潮州海防事》,饶宗颐:《潮州志》兵防志,海防,附录,潮州修志馆1949年版。

④ 《再与惠潮嘉道会禀张制府言潮州海防事》,饶宗颐:《潮州志》兵防志,海防,附录,潮州修志馆1949年版。

⑤ 《团练禀》,饶宗颐:《潮州志》兵防志,海防,附录,潮州修志馆1949年版。

与之前两次鸦片战争不同，广东地区在此次对外战争中作了严密的部署，并成功遏制住了外国侵略者对广东地区的进犯，而且还有力地支援邻省（福建、广西）的对外斗争，改变了中法战争的形势格局。朝廷针对中法战争的局势，对于法国侵略者是战是和，大臣的意见不一，因此朝廷的政策也是战和不定，严重影响着中法战争整个战局的发展。在镇南关大捷之后，主和派李鸿章等军机大臣"见好就收"，利用镇南关大捷作为与法国谈判的条件促成双方议和。光绪十一年四月二十七日（1885年6月9日）《中法会订越南条约》（《中法新约》）的签订标志着中法战争的结束。此时广东各地团练亦陆续裁撤，如顺德团防总局于六月"奉谕撤团"，其下"各局亦散矣"。①

中法战争期间的光绪十年至十一年（1884—1885），法国侵略者对广东地区形成了强烈的战争威胁。其间广东当局为了防范法国的侵略，从广州府、琼州府、廉州府、潮州府等沿海地区各州县相继办团，与官军一起驻防当地，稳固了当地的社会秩序和加强当地的军事防御。广东地区从省城到各地州县布防严密，鉴于此，法国侵略军没有贸然对广东发动军事进攻，广东地区获得相对的稳定。

第二节 遂溪与香港两地团练的反抗斗争（1898—1899）

中日甲午战争的战败引发愈为严重的民族危机，清政府的统治危机愈加沉重，中国的主权和领土完整遭受严重的破坏。西方列强遂掀起瓜分中国的狂潮：日本割占台湾岛、澎湖列岛；德国强占胶州湾；俄国租借旅顺、大连。英法侵略者借此进一步对广东地区实施侵占：英方提出要租借香港新界地区；法方则要求租借广州湾。② 面对英法列强的强横态度及其武力威胁，

---

① 《（民国）顺德县志》卷3，建置，"团局公约"，《中国方志丛书·第4号》，成文出版社1966年版，第47页。

② 光绪二十四年（1898年4月10日）法国强逼清政府将广州湾（今湛江地区）租借给法国，租期99年。同时，英国殖民者不甘落后，强迫清政府将九龙半岛（即新界地区）租借给英国，租期99年。

清政府软弱无能，只能被动接受英法两方的这些无理要求。清政府在分别割让新界与广州湾给英、法两方之后，遂溪地区和香港地区相继爆发抵抗外国侵略者的民众运动，两地士绅纷纷组建团练抵御外来入侵。

一、法国殖民者侵占广州湾与遂溪团练的反抗斗争

法国殖民者在完成对越南的殖民占领之后，将侵略的魔爪深入中国内地。光绪二十四年二月二十一日（1898年3月11日），法国殖民者向清政府呈送照会，蛮横要求中方租借广州湾，以将其作为法国商船停泊的场所。惧外妥协的清政府同意将当时高州府吴川县（今湛江吴川）的广州湾租借给法国，以换取法国的息事宁人。

从地理位置上看，广州湾位于高州府吴川县之南，香港在其东北，相距约两百里，西南方与海南岛隔海相望，究其地势是固守内陆的一块战略要地。① 广州湾不仅是重要的军事要地，而且是联通贸易的重要通商口岸，清政府将此战略要地割让给法国无疑使广东乃至中国西南地区的安全面临严重的威胁。另外，此地区的割让也让中国的经济蒙受巨大损失。② 尽管如此，法国侵略者还意犹不足并蓄意扩大侵略，并且派军舰强行武装登陆，驱赶当地居民，占领炮台，焚屋伤人，激起当地民众强烈的不满。一场由当地民众抵御外来侵略的爱国运动由此拉开帷幕。

（一）抗法团练总局的成立

面对法国侵略者明目张胆地武装入侵，清政府却向法国侵略者妥协，租借广州湾（当时是指南三岛的一部分），命令两广总督谭钟麟派出官员和法方迅速划定界址。但法方有意拖延勘界，并且派遣军队四处侵占广州湾附近区域，企图以武装的实际占领逼迫清政府对其圈占土地的承认。遂溪县知县熊全萼怯懦无能，对法国的侵略行径束手无策。遂溪百姓和当地士绅派代表向两广总督谭钟麟请愿，要求撤换熊全萼。光绪二十五年正月（1899年2月），清政府委派李钟珏接任遂溪知县。李钟珏素有守土御侮之心，组织了抗法团练，经过几个月的经营操练和购买枪械，组成了抗法团练义勇一千五

---

① 《广州湾形势考》，《申报》1898年4月26日。
② 《广州湾形势考》，《申报》1898年4月26日。

百人。

　　李钟珏对于法人的态度不同于其前任知县,在其向督抚的禀牍中不止一次地表示对于法国侵略者的无理行径应该进行抵制。① "法人周历各村,绘图已毕,又逾赤坎而上,至吴川属之门头埠,驻兵五十名,自上而下,四出绘图。窃其意,上至石门,下至东海湛司属,俱思据为己有。赤坎已被彼掌握之中,且时有法兵来往。正月初,卑职驻赤坎时,闻法人欲由海头筑一马路至赤坎。问彼通事,亦云恐不久开工。卑职以事未发动,不敢轻禀。十二日,至府城,谒见本府,曾为言之。一俟动工,当即电禀宪台,设法阻止。今若开埠通商,恐一有风声,彼即先发制人,派兵驻扎,彼时拒之不能,听之不可,事更为难。"② "时有洋兵到处滋扰。百姓以官宪约束,哑忍饮恨,盖受辱者百余乡,积怨者十余月矣。近闻界务将定,方谓法人就我范围,退出海头,复我遂邑一片净土,莫不额手称庆;不图数日来又纵兵到处绘图,由赤坎而至麻章,由麻章而至万年桥,直逼县城,又迤东往黄略,平石诸大村……谓遂界已有成议,以万年桥为限,数日内欲在赤坎之沙湾岭顶起造兵房云云。民间一闻此言,无不切齿奋臂,欲与拼一死战……伏乞怜念百余乡,数百年之安分良民行将濒于祸患,迅赐转禀各大宪,速议抵制之方。"③ "特简大臣会勘,必将力存疆土,保卫群黎;惧则惧夫法人贪欲无厌,得步进步,且诡诈百出,虽苏军门洞悉其情,或未知百姓宁死不从法人之心。是以纷纷争议抵制。"④

　　遂溪县抗法团练由知县李钟珏领导组成,他在组织抗法团练一事上做了一系列的工作。首先,筹募经费。是否筹集到足额的款项对于能否成功办团以及团练组织是否能够持续运转极为关键,遂溪县团练领导者李钟珏对该问题极为重视。所以李知县在办团之初即向县城内各绅富进行筹捐,办法是按

---

　　① [清]李钟珏:《遂良存牍》,苏宪章:《湛江人民抗法史料选编(1898—1899)》,中国科学文化出版社2004年版,第47页。
　　② [清]李钟珏:《禀陈赤坎地方未便开埠通商》,苏宪章:《湛江人民抗法史料选编(1898—1899)》,中国科学文化出版社2004年版,第52页。
　　③ [清]李钟珏:《据情转请院宪设法保全地方禀》,苏宪章:《湛江人民抗法史料选编(1898—1899)》,中国科学文化出版社2004年版,第53页。
　　④ [清]李钟珏:《密禀团练情形(八月十四日具禀)》,苏宪章:《湛江人民抗法史料选编(1898—1899)》,中国科学文化出版社2004年版,第54页。

照绅富们拥有财产比例进行抽成，属于强行摊派，此次共募得款项6万余贯。"此次举办团练，卑职参酌历届办法，按各绅富家赀，每万两捐钱三百千，多者递增，少者递减。分给印簿，谕各路正绅题捐。初似为难，近则颇形踊跃。现已题钱六万余贯，陆续收充练勇口粮，足敷数月。"① 其次，编练乡勇。李知县在筹足款项之后，将1500名乡勇编练成六个营，其中以黄略、麻章为主要据点。"法索卑县东镜，南北长百二十里，东西宽三十里。其中大小百数十村，男女十余万丁口。现自平石村至铺在圩共设六团，每团挑练丁二百五十人，分为五哨，立团长一，哨长五，什长二十五。"② 其他各地亦办团练，还有后备队伍。参加团练以农民为多。李钟珏派麻章绅士冯绍琮为抗法团练团总。冯绍琮曾隶属抗法名将冯子材部下，在越南参加过中法战争，立过五品军功，当时还是一个在籍的候补知县。"现设六团，练勇一千五百人，分布各路，必须有一知兵之人统领。则一旦有事，可以调遣布置。"③ 随后，李知县还为抗法团练配备一批枪支弹药，并规定乡勇早晚进行操习。"用器：抬枪五十、洋枪一百、旗五十。每日早晚操练打靶，夜则分更巡哨。练丁俱能用命。每月会操两次。"④ 最后，抗法团练总局就设立在遂溪县黄略镇黄略村的潜移书院。⑤

（二）遂溪团练反侵略斗争

在法国帝国主义步步紧逼、清廷节节退让之时，遂溪县民众抗法情绪高涨。光绪二十五年（1899），遂溪县民众声势浩大，抗法情绪高昂。八月，

---

① ［清］李钟珏：《密禀团练情形（八月十四日具禀）》，苏宪章：《湛江人民抗法史料选编（1898—1899）》，中国科学文化出版社2004年版，第54页。

② ［清］李钟珏：《密禀团练情形（八月十四日具禀）》，苏宪章：《湛江人民抗法史料选编（1898—1899）》，中国科学文化出版社2004年版，第54页。

③ ［清］李钟珏：《密禀团练情形（八月十四日具禀）》，苏宪章：《湛江人民抗法史料选编（1898—1899）》，中国科学文化出版社2004年版，第55页。

④ ［清］李钟珏：《密禀团练情形（八月十四日具禀）》，苏宪章：《湛江人民抗法史料选编（1898—1899）》，中国科学文化出版社2004年版，第55页。

⑤ 抗法团练总局旧址位于遂溪县黄略镇黄略村。1898—1899年，在法国侵略者逐步扩大侵略范围的情况下，遂溪部分地方官吏和绅士也起来支持人民的抗法斗争。遂溪县知县李钟珏等顺应民意，出面组织团练6个营共1500人，以冯绍琮为团总，抗法守土。团练采用清末新军的编制，有统一的服装，每人一件镶红边的蓝色褂子，胸前是"义"字，背后是"勇"字。团练总局设在黄略村的潜移书院。今书院已毁，仅存书院墙基及旗杆石座，为省级文物保护单位。（《湛江市地名志》编辑委员会：《湛江市地名志》，广东省地图出版社1989年版，第363页。）

广州湾各村抗法勇士和新建成的遂溪团练义勇、团丁在黄略村东南的赤泥岭上,举行誓师大会。各村群众参加者逾万人。会后,列队到赤坎游行。当时"富人出钱、穷人出命"的号召下,团练成为人民一致拥护的抗法组织。

在抗法保家热潮的推动下,同年八月下旬,文车营义勇八十人,向驻在赤坎百姓高岭的法国侵略军进行夜袭。由于法军有备,义勇见形势不妙便立即撤退。这次夜袭未成,但给法国侵略军以极大震动。法国侵略军意识到当地抗法团练的抵抗斗争之后,决意将抗法团练彻底消灭。尽管法军发动进攻,但是由于地形的不熟导致法军进攻的失利,反而遭受抗法团练的追击,最终落败而逃。这次战斗是抗法团练对法军的第一次胜利,阻挡了法国殖民者侵略的步伐。此次战斗击毙敌官八人,伤数十人,我方死二人,伤十五人。① 新埠一战大挫敌锋,鼓舞了民众抗法斗志。

时隔十数日(1899年11月16日),法军对黄略村发动突袭,用大炮轰击麻章圩,以少数兵力佯攻麻章,而大部分兵力集中进攻黄略村。当时,由于黄略村与麻章圩的练勇皆在田间割禾,导致两地防备空虚。麻章团练营官王缉堂闻风逃窜,导致麻章圩团练指挥无人。文车营练勇赶来支援却被敌人堵截。黄略村在没有任何支援的形势下,全村村民顶着敌人猛烈的炮火浴血奋战,战至下午四时,伤亡极大,最后被迫向遂溪县城撤退。法军攻入黄略村之后烧杀抢掠。此次战斗黄略义勇牺牲六十九人,伤一百二十五人,文车练勇牺牲十八人。② 黄略村房屋财产尽被焚劫,直至第二天,遂溪县各路练勇集结反攻才收复黄略村。然而,中法之间《广州湾租借条约》的签订标志着遂溪县抗法团练斗争的失败。③ 条约签订以后,遂溪县李钟珏革职离任,苏元春邀功请赏。在清政府对外妥协的政策下,中国近代史上又增加一项屈辱条约。

---

① [清]李钟珏:《禀陈法人无端攻打黄略村事(九月一日具禀)》,苏宪章:《湛江人民抗法史料选编(1898—1899)》,中国科学文化出版社2004年版,第55—56页。

② [清]李钟珏:《禀陈法人设计攻破黄略村旋即收复事(十月二十三日具禀)》,苏宪章:《湛江人民抗法史料选编(1898—1899)》,中国科学文化出版社2004年版,第58—59页。

③ 《总署奏勘定广州湾租界谨呈条约请旨允准折》(附条约),王彦威、王亮辑编:《清季外交史料》第6册,湖南师范大学出版社2015年版,第2728-2730页。

二、英国殖民者侵占香港新界与新界团练的反抗斗争

（一）香港新界团练的建立

光绪二十四年三月（1898年4月），法国侵略者向清政府提出租借广州湾之后，英国殖民者为了完成对香港地区的完全占有，亦向清政府提出了拓宽香港界址的要求，并以武力威胁强迫清政府签字。① 同年四月（1898年5月），面对侵略者的无耻行径，香港新界地区的民众举行集会，纷纷抵制英国对新界的接管，并发布告示。② 新界邓氏发布的告示得到其他氏族的积极响应（除了邓氏，新界还有侯、彭、廖、文四大氏族），他们还派人去新安县北部和东莞县联络动员更多的人员参与到此次抗英行动中。③ 新界各乡绅民决意成立太平公局，以东平社学为公局的议事点，并决定每村出银100两作为抗英的费用，各村团练应处于临战状态。④ 同时相应地进行军事训练，为了保证作战的需要，新界团练等人员筹集了大批款项、军火和医药，对食品补给也作了细致安排。⑤

太平公局作为新界团练的领导机构，领导新安县（今深圳、香港地区）10万乡民拿起武器，抵抗英国侵略者。各方代表一致公推厦村邓菁士为公局首脑，核心人物还有邓菁士的胞弟邓植亭、族侄邓仪石等人。当日，各项代表在元朗旧墟东平社学那颗大榕树下的空地上摆设香案，立誓抗敌，并进行约法三章。⑥ 太平公局还向新安县各界同胞发布《告乡民书》："济济炎黄胄，赫赫中华民族，和平立国，亲善睦邻。"在《告乡民书》中回顾了第

---

① 《总署英国拟拓香港界址议定租章折》（附专条合同照会及咨文），王彦威、王亮辑编：《清季外交史料》第6册，湖南师范大学出版社2015年版，第2570—2573页。
② 《1899年3月28日在屏山张贴的抗英揭帖》，舒国雄主编：《明清两朝深圳档案文献演绎》第4卷，花城出版社2000年版，第1697页。
③ "今日余与厦村族人聚会，定于明日召开大会，以谋求自卫之道。余曾致函相告，谅兄已收悉。兹特烦请兄等选择并备一会议处所，以便各乡绅耆议事。特此预为致谢。邓芳卿"（舒国雄主编：《明清两朝深圳档案文献演绎》第4卷，花城出版社2000年版，第1699页。）
④ ［美］格罗夫斯：《团练、市墟与族系：中国人对占领香港新界的抵抗》，《英国皇家亚洲学会香港分会会刊》第9卷，1969年版，第48页。
⑤ ［美］格罗夫斯：《团练、市墟与族系：中国人对占领香港新界的抵抗》，《英国皇家亚洲学会香港分会会刊》第9卷，1969年版，第48页。
⑥ 霍达：《寻访"太平公局"》，《南方周末》编：《无缘无故的恨》，二十一世纪出版社2012年版，第181页。

一次鸦片战争时期英军肆虐广东的暴行。"由是而有联乡抗英组织,发扬三元里抗英之精神,共同保卫乡土!"① 这篇气壮山河的战斗檄文,与三元里"平英团"的抗英壮举一脉相承,至今读来,仍令人激动不已。太平公局成立以后,又从内地聘请钱壮、王廷勋等人担任军事顾问,在屏山觐廷书室密设参谋部,拟定"三弹攻势"的斗争策略。"三弹"者即为"银弹、钢弹、纸弹"。"银弹"即多筹款项,以此资金用于团练乡兵。"钢弹"即利用多种渠道购买枪支弹药,枪支多由民间购得。"纸弹"即大量散发宣传品等,宣传英国殖民者的暴行以争取社会各界对新界团练抗英行动的支持。太平公局在新安县乡民中享有崇高的威望,在邓菁士等人的领导下,集结了数千抗英志士,与武装接管新界的英军展开殊死搏斗,为捍卫中国领土主权做出可歌可泣的巨大贡献。

(二) 新界团练与英军的斗争

光绪二十五年四月(1899 年 5 月),厦村邓仪石赴新安县县城所在地南头,代表锦田、厦村、八乡、下八乡、屏山、青山等地的居民递交请愿书。次日,邓仪石迳赴广州面见两广总督谭钟麟,控诉英人的暴行,以便得到本国政府对新界民众抗英行动的谅解。② 当天,新界民众 1200 余人聚集大埔山坡整束装备,挖掘坑堑,严阵以待,一旦英军强行接管新界,新界团练便予以还击。次日,登陆新界的英军头目盖斯科因奉命率兵接管新界地区。在海军猛烈火力支援下,英军冲出新界团练设置的包围圈,乘势攻占元朗、锦田、大埔等地,升起英国国旗,宣布"接收"新界地区。

十七日,英军升旗仪式举行后,数千村民于大埔山头向英军驻地发动进攻,但为英军所败,村民退至林村山谷之壕坑阵地埋伏,候英军追至时袭击,惜村民武器落后,训练不足,故仍为英军所败,不支而退却,是为林村之役。

十八日,新界团练率领乡勇再次向上村的英军发动攻击,英军武器装备先进、炮火猛烈,结果村民死伤无数,英军也损伤严重,最后村民败退。英

---

① 霍达:《寻访"太平公局"》,《南方周末》编:《无缘无故的恨》,二十一世纪出版社 2012 年版,第 181 页。

② [美] 格罗夫斯:《团练、市墟与族系:中国人对占领香港新界的抵抗》,《英国皇家亚洲学会香港分会会刊》第 9 卷,1969 年版,第 44 – 45 页。

军追击至吉庆围及康泰围时,要求进村搜查"反叛者",遭到当地村民拒绝,双方发生冲突。村民凭借吉庆围坚固围墙进行坚守,最后英军以大炮将围墙轰塌,村民投降。英军将围墙门拆卸作为战利品运往英国。十九日,英军全部占领新界地区,新界团练的抗英斗争最终宣告失败。① 事后,英国以清廷未有参与晓谕新界地区村民为由,遂于五月十六日派兵强占九龙寨城,逐走城内清廷官弁兵丁,设置由英人管辖的行政机构。

(三)新界抗英斗争的失败

新界的抗英活动在英军猛烈炮火的打击之下最终趋于失败,抗英运动领袖邓菁士、邓仪石等人逃往广州,大埔、锦田、元朗等村被英军占领。光绪二十五年四月二十六日(1899年6月4日),港督卜力正式宣布接管香港新界。新界地域有限,人口仅有数万,战斗中能动员到的人数只有数千众。新界团练尽管人数较少,但对英军进行了英勇的斗争,表现出广东团练抗击外来侵略的顽强精神。

这次抗英运动之所以失败,究其原因存在许多不利因素。例如由于清政府的卖国行径,新界团练的爱国抗英运动得不到官方支持,使抗英这样的正义活动孤立无援,直接导致抗英斗争的失败。而且中英双方订立《展拓香港界址专条》在前,清政府许诺将新界割让给英国,使得新界民众的抗英运动陷于尴尬的处境,正义、合理的要求得不到伸张,相反,英方蛮横无理的侵略行径却得到认同与鼓舞。另外,新界团练与英国正规军武装力量上存在明显差距。新界团练抗英武装力量的主体是当地乡村民众,他们所对付的敌人是富有侵略战争经验、训练有素的英国正规军。新界的抗英运动虽然显示出当地民众抗英的积极性,但在组织严密程度以及作战经验、武器装备等方面皆逊于英国侵略者,所以导致新界抗英运动的失败。

光绪二十四至二十五年(1898—1899),法国与英国分别对广州湾和香港新界的侵占引发两地民众的反侵略斗争。这两次外来侵略事件中广东高州府遂溪县和广州府新安县(香港新界地区)由当地民众自行组织团练,抵

---

① 《骆克在元朗会堂搜获之抗英文件(选译)》,舒国雄主编:《明清两朝深圳档案文献演绎》第4卷,花城出版社2000年版,第1704–1705页。

抗外来侵略。而由于清政府的腐败无能,以及两地团练活动的孤立无援,团练组织与英法侵略者在军事实力方面存在巨大的差距等原因,两地的反侵略斗争最终失败。

第三节 清末广东盗匪问题及其团练活动(1898—1911)

清代广东由官方主导的第五次大规模团练活动,主要针对清末广东盗匪问题的治理而展开。此次团练活动以光绪二十四年(1898),两广总督谭钟麟举办全省团练活动为开始标志,以宣统三年(1911)清王朝的覆亡为结束标志。其活动断断续续地维持近13年,自光绪二十四年(1898)两广总督谭钟麟办团之后,光绪二十九年(1903)和光绪三十三年(1907),岑春煊与周馥两位总督继续办团,但办团治盗效果不佳。清代第五次团练活动无法对广东盗匪问题形成有效治理,广东盗匪问题持续恶化,渐至影响清王朝统治。

一、严重的盗匪问题

清末广东盗匪问题已然十分严重,故有"粤东之盗甲天下"之称。① 另外如第一章所述,民间的保甲制缉盗无力,地方政府不得不对保甲制进行调整与改造,于是团练应运而生,兴办团练也成为民间缉捕盗匪的一种惯用手段。并且与保甲相比,团练在缉捕盗匪方面取得更多实质性的成效。早在光绪初年,广东盗匪问题已然十分突出,并且得到广东一些官员的重视。② 于是兴办团练成为清末广东防范与缉拿盗匪的常用手段,这一手段为广东官、绅努力贯彻并执行。从光绪六年到二十四年(1880—1898)为止,《申报》报道了广东省城以及肇庆府等地办理团练以剿灭盗匪的情况,这表明在光绪

---

① 何文平:《被舆论化的历史:"粤东盗甲天下"说与近代广东匪患》,《中山大学学报(社会科学版)》2005年第2期,第40页。

② 《饬办团练告示》,《申报》1878年5月9日。

二十四年以前广东盗匪问题就已经非常严重。①

盗匪问题不止于广东一省，而是清末全国的普遍社会现象。光绪二十四年（1898）全国盗案四起，来自全国各地督抚奏折纷纷上呈朝廷，寻求治理盗匪问题的解决方案。同年，清政府主政人慈禧太后颁布懿旨，要求全国各地办理积谷保甲团练等事，这是自太平天国运动之后清廷又一次在全国范围内兴办团练。② 清末广东社会失序以及盗匪问题引起官方的重视，促使广东当局第五次办团行动的开展。

二、总督谭钟麟办团

广西、广东两省的盗匪问题相较于其他各省更为突出，所以张荫桓奏请仿西法办团练的奏折得到朝廷认可，因此，朝廷颁布诏谕要求两广地区速办团练，限一个月之内完成。③ 朝廷的诏谕下发之后，时任两广总督谭钟麟针对清末广东的盗匪问题，在广东全省范围大办团练，此举成为清代广东第五次团练活动开始的标志。④ 谭钟麟到任广东之后在省城设立全省团练总局，并招揽各地名绅加入，以邓蓉镜为总办，以潘衍桐、何荣阶、丁仁长、潘宝琳、易学清、陈如岳、劳肇光、梁鸿翥、郭乃心、黄葆熙、梁庆桂、俞守义、许应镕为会办，以梁志文、陈庆荣为坐办。⑤

总督谭钟麟在得到朝廷谕旨之后随即分派高州镇总兵潘瀛、记名提督孙国乾、总兵黄金福等分赴各属"示以训练之法、筑营之式"。⑥ "先清保甲，

---

① 《创设筹防》（光绪六年八月初四日），《申报》1880年9月8日；《粤东杂录》，《申报》1885年11月13日；《光绪十三年六月初八日京报全录》，《申报》1887年8月5日；《广州近事》，《申报》1889年10月21日；《告示照登》，《申报》1890年4月19日；《岭南近事》，《申报》1890年12月26日；《粤东客话》，《申报》1893年2月12日；《请剿土匪》，《申报》1897年9月19日。
② 《钦奉慈禧端佑康颐昭豫庄诚寿恭钦献崇熙皇太后懿旨》（光绪二十四年九月），[清] 朱寿朋：《光绪东华录》（四），中华书局1958年版，第230页。
③ 《清实录》第57册，德宗景皇帝实录（六），卷425，光绪二十四年七月辛未，中华书局1986年版，第567-568页。
④ [清] 谭钟麟：《筹办广东保甲团练情形折》，《谭文勤公（钟麟）奏稿》卷19，沈云龙主编：《近代中国史料丛刊》第33辑，文海出版社1973年版，第1193页。
⑤ 《谕办民团》，《岭海报》1898年10月4日；《大绅办团》，《岭海报》1899年1月22日。
⑥ [清] 谭钟麟：《现办团练情形折》，《谭文勤公（钟麟）奏稿》卷20，沈云龙主编：《近代中国史料丛刊》第33辑，文海出版社1973年版，第1243-1244页。

次办联团，于壮丁内挑选练丁。"① 尽管朝廷与地方督抚积极热情地呼吁地方兴办团练，但是此次各地的办团情况不尽相同，有的地区积极响应，有的地区却因为各种原因不得推行，这一情况在总督谭钟麟提呈朝廷的奏折中得到反映。例如高州府茂名等县的团练"向有规模、筹办最为得法"，并在同年三月份陆丰土匪纠集千余人进攻县城之时，知县蒋星熙率领团勇击杀匪众四十余人，取得了实质性的成效。另外又有像三水等20余县由于办团经费短缺致使办团寸步难行。但是，朝廷和地方督抚的办团指令必须执行，于是各州县地方官重新定拟办团办法。各地方知县将一个县分成东西南北中五个区域分别设立团练局，每局先行训练十名什长，大县每局可以将训练什长的数量扩大到三四十人，然后再由什长自行招募训练九人，这样分区分级逐层将团练计划进行推广。② "有警一呼即至，按名给饷。什长各率九人往捕，可得百人之用。匪多则合二三局什长图之。法简费省，行之瘠苦州县尤为相宜。已经通饬照办，并令各该管道府亲赴各属查点校阅，庶得力与否一目了然，不致有名无实。"③ 另外团练所用的军火武器均由官方供给，器械不足则由官方洋商代购。"所需军火已奏拨沪局来复枪五千枝均给应用。又电商德国使臣吕海寰代购毛瑟枪一万枝运粤，分饬缴价，给颁仍由地方官烙号稽查。"④

然而各地办团情况并不乐观，就连省城设立的团练总局也由于局绅意见不合而显得困难重重。"既设团练总局而南海、番禺两县邑绅士意见参差，尚无头绪。缘自好者不与闻，嗜利者趋之若鹜，又不足取信于人，故迄无成效。至滨海各属渔团，亦据陆续禀复遵行，其非渔船聚集之处，即令免办，以省扰累。"⑤

---

① [清]谭钟麟：《筹办广东保甲团练情形折》，《谭文勤公（钟麟）奏稿》卷19，沈云龙主编：《近代中国史料丛刊》第33辑，文海出版社1973年版，第1193页。
② [清]谭钟麟：《筹办广东保甲团练情形折》，《谭文勤公（钟麟）奏稿》卷19，沈云龙主编：《近代中国史料丛刊》第33辑，文海出版社1973年版，第1193页。
③ [清]谭钟麟：《筹办广东保甲团练情形折》，《谭文勤公（钟麟）奏稿》卷19，沈云龙主编：《近代中国史料丛刊》第33辑，文海出版社1973年版，第1193页。
④ [清]谭钟麟：《筹办广东保甲团练情形折》，《谭文勤公（钟麟）奏稿》卷19，沈云龙主编：《近代中国史料丛刊》第33辑，文海出版社1973年版，第1193页。
⑤ [清]谭钟麟：《现办团练情形折》，《谭文勤公（钟麟）奏稿》卷20，沈云龙主编：《近代中国史料丛刊》第33辑，文海出版社1973年版，第1244－1245页。

总督谭钟麟决意先对广州城所在的南海、番禺两县的团练进行整顿，督促两县官员及士绅认真执行兴办团练计划。"团练为当务之急，各属皆虚应故事，并不实力奉行，以致盗贼横行，毫无畏惧。"① 在各地大办团练的形势下，各地盗匪仍旧非常活跃，团练无法应对严重的盗匪问题，不得已只能请求官方派兵弹压，可见团练在治理盗匪问题上没有取得实质性成效。另外官方接报后，又苦于无兵可派的窘境，只能让地方自谋办法。在这样一种官与绅相互推诿、对无力治理盗匪问题的窘境当中，广东盗匪问题更趋恶化。②

光绪二十五年十一月十七日（1899 年 12 月 19 日），总督谭钟麟离任告归，两广总督继任者德寿、李鸿章、鹿传霖、陶模等人在广东的任期不长，且互相调动频繁，导致朝廷在各省推行的团练计划得不到有力的推行。③ 总督谭钟麟离任后，由于广东团练活动得不到有力的推行与监控，广东各地办团情况参差不齐，各地团练对盗匪的打击起不到良好的效果。

三、总督岑春煊办团

20 世纪初，广东团练的发展与盗匪问题的进一步严重化密切相关。世纪之交的广东，盗风甚炽，盗匪活动日渐频繁，当时的广东涌现出许多著名大盗，例如东江一带的戴梅香、陈马王梅、徐大王志，西江一带的区新、付赞开、陆兰清、花县的汤春、香山县的林瓜四等。各巨盗匪帮堂口林立，劫案四起，广东民众人心惶惶。地方官更是调兵遣将，东奔西跑，疲于应

---

① 《整顿团防》，《申报》1899 年 6 月 30 日。
② 《请兵弹压》，《申报》1899 年 6 月 30 日。
③ 光绪二十四年七月十四日（1898 年 8 月 30 日）上谕"惟湖北、广东、云南三省督抚同城，原未划一……所有督抚同城之湖北、广东、云南三省巡抚……着一并裁撤，其湖北、广东、云南三省均着总督监管巡抚事。"（《清实录》第 57 册，德宗景皇帝实录（三），卷 424，光绪二十四年七月乙丑，中华书局 1986 年版，第 556－557 页。）1898 年广东裁撤巡抚之后，由两广总督兼任广东巡抚，成为广东最高的行政长官。两广总督谭钟麟：自 1895 年 4 月 16 日至 1899 年 12 月 19 日，任期 5 年，此后德寿代任两广总督，自 1899 年 12 月 19 日至 1900 年 5 月 24 日，任期不到 1 年。李鸿章：自 1900 年 5 月 24 日至 7 月 9 日，任期不到 3 个月；德寿：1900 年 7 月 9 日至 9 月 16 日；鹿传霖：1900 年 9 月 16 日至 26 日；陶模：1900 年 9 月 26 日至 1902 年 7 月 2 日；德寿：1902 年 7 月 3 日至 1903 年 4 月 18 日。谭钟麟之后的这几位两广总督任期最长不过 2 年，最短不过 2 月，1900 年一年之内更换 5 任总督，体现出当时国内政局极为动荡，清政府的统治已是风雨飘摇、岌岌可危。

付。① 光绪二十八年（1902），广东番禺县制定了详细的团练章程，要求团练的"一切事宜概归现设各局，会同各乡绅耆妥善办理"，并强调团练的主要职能就是防御盗匪。②

光绪二十九年（1903），刚刚上任的两广总督岑春煊意识到清末广东盗匪问题的严重性，下车伊始就发布了"除盗安良"告示。③ 总督岑春煊发布"除盗安良"告示后，广东各地地方官和士绅迅速行动起来组建团练，由此又形成了一波办团高潮。光绪二十九年二月六日（1903年3月4日），惠州府有匪人揭竿倡乱，海丰县知县邹荔岑"由县募勇丁二百名，绅商亦捐募乡团"，对倡乱的盗匪进行打击。④ 光绪二十九年七月二日（1903年8月24日），肇庆府属团绅司徒思等以会匪骚乱等事禀呈总督岑春煊，岑督要求地方"严办乡团，先清内匪，并探明匪踪，由地方文武会同兜捕"。⑤ 光绪二十九年八月九日（1903年9月29日），广州府新会人某人携带500两银道经白石地方被强盗抢劫，后幸被吕姓乡团兜截并将原赃归还。同日，杜阮乡匪纠众劫掠孙姓家，得赃逃逸。吕姓乡团闻警后对逃逸盗匪进行伏击，最终将孙家损失的钱款物件送还。⑥ 这两件事情反映了地方乡团在打击盗匪方面还有所成效，"可见团练之有益于地方不少矣"。

光绪三十年（1904）年底，两广总督岑春煊号召全省举办团练，并在广州城设立团练总局，制定相关的团练章程。⑦ "派委前广东臬司程仪洛为总办，并先照会前广东水师提督何长清、在籍翰林院侍讲丁仁长、内阁侍读梁庆桂为总理"，并将"各绅拟具的团练章程交由臬司呈核初议"。⑧ 此次兴办全省团练中为了解决经费困难的问题，总督岑春煊等省城官员在捐款方面做出表率。"（总督岑春煊）首捐廉银二千两，续据广东藩司胡湘林、两广盐运司恩霖各捐一千元，广东臬司沈瑜庆捐银五百元，署广州府知府陈丰

---

① 《粤办民团》，《申报》1900年7月18日。
② 《广东番禺县钱明府所定团练章程》，《申报》1902年12月23日。
③ 《粤督岑云帅除盗安良示》，《申报》1903年5月28日。
④ 《续纪粤垣逆迹》，《申报》1903年3月4日。
⑤ 《调勇剿匪》，《申报》1903年8月24日。
⑥ 《南海涛声》，《申报》1903年9月29日。
⑦ 《广东设立团练》，《申报》1905年2月10日。
⑧ 中国第一历史档案馆：《光绪朝朱批奏折》第26辑，中华书局1995年版，第626页。

曾捐银一千两，并另行筹拨闱款一千元，共为开办经费。"①

但是，全省兴办团练过程中省城团练局的局绅与办理团练的官员互有龃龉，官、绅意见互不融洽，办团过程中双方的矛盾日益凸显。双方矛盾斗争的实质是省城诸绅管理的团练总局与官方控制的巡警局关于省城治安控制权。兴办全省团练期间，省城团练总局局绅联合伍廷芳等广东籍京官上奏朝廷，要求督抚给予总局局绅"专以事权、勿为掣肘"，并提出"请以团局节制营勇"，官给团练经费等要求。② 对此，总督岑春煊不同意省城诸绅的请求。他认为省城的治安管理可以交给巡警局，团练的重点区域在于盗匪云集的乡村地区。③ 另外广东地区九十余个州县，成千上万个乡村，如若全部由官府提供经费，官府自然不愿意也无力承担这笔巨额费用。④ 岑春煊认为办团经费难筹的原因在于"每有不肖绅董侵蚀浮销"，必须"饬令地方官彻底清查，务令涓滴归公，认真整顿，期于事有实效，款不虚糜"，并进一步指出"粤中绅士公正者每避事若浼，不肖者或假以营私，往往构煽多端，朋争聚讼有司，若有所兴革，则又出而阻挠以掣肘。良由图谋公益之心少，专己徇欲多也"。⑤ 光绪三十年十二月，省城诸绅联系粤籍京官戴鸿慈、御史陈庆桂，对岑春煊再次提出参劾。在激烈的政治斗争中，光绪三十一年（1905），岑春煊被迫裁撤西关巡警局，将省城治安控制权交归团练总局。⑥ 光绪三十三年（1907），周馥来接任两广总督，重新着手团练活动。周馥来遭遇的情况同前任总督岑春煊遇到的情况相类似，结果由官方主导的团练活动却因官、绅的矛盾冲突与互不配合而不了了之。

在光绪二十九年（1903）和三十三年（1907）最后两次由官方主导的团练活动中，官府与士绅围绕省城治安控制权出现严重的分歧与冲突，导致两次团练活动对盗匪问题没有产生实际的治理效果。为了加强基层社会的控制和对民间组织的进一步管控，官府意图通过掌控团练机构的手段将地区的

---

① 中国第一历史档案馆：《光绪朝朱批奏折》第26辑，中华书局1995年版，第626页。
② 《广东同乡京官奏请实行清乡团练折》，《申报》1904年11月9日。
③ 中国第一历史档案馆：《光绪朝朱批奏折》第26辑，中华书局1995年版，第626页。
④ 中国第一历史档案馆：《光绪朝朱批奏折》第26辑，中华书局1995年版，第626页。
⑤ 中国第一历史档案馆：《光绪朝朱批奏折》第26辑，中华书局1995年版，第626页。
⑥ 中国第一历史档案馆：《光绪朝朱批奏折》第26辑，中华书局1995年版，第626页。

治安管理权控制在手。而这一做法无疑侵夺了当地士绅已有的权力和利益，进而引起士绅的反感。官、绅双方才围绕团练机构的控制权以及地方治安管理权展开一系列的争夺。在筹款方面，地方士绅在筹集团练经费方面都出现不同程度的抵制情绪，导致团练计划迟迟无法顺利推行。为使省城团练能够顺利运行，总督岑春煊和总督周馥来发动在省官员积极捐款，分别筹得六千五百两和两万两作为省城团练局的第一笔活动资金。①

尽管如此，官方将地方团练机构收归官有的步伐并未停歇。② 清末朝廷为掌控基层社会的治安管理权做出了不懈的努力，并进行一系列的改革。但是清政府的统治江河日下，尽管出台许多改革方案，并做出许多挽救措施，最终却无力回天。

清末广东团练在维护社会治安方面做出了应有的贡献，但却只是一时之功，难以保障清政权的长治久安。清末广东盗匪问题的难以治理，其根本原因在于中央政权的式微以及对地方控制力的衰退。清末广东盗匪越治越多，加之革命党人频繁在广东地区进行反清活动，导致清末广东治安管理更为混乱。直至辛亥革命爆发，乃至民国时期，盗匪问题仍是广东社会治理的一大顽疾。清末直至民国时期，广东的一些劣绅利用团练为非作歹、鱼肉乡里，严重扰乱社会治安。

第四节　澳门划界交涉与香山县团练抗葡斗争（1909—1911）

长期以来，关于澳门界址问题，中葡双方有着激烈的争执。在澳门划界交涉未果的情况下，葡澳当局甚至动用武力强行占领澳门48乡大片土地以及大小横琴岛，同时在澳门附近海域不断挑起海权纠纷。为抵制葡萄牙的侵

---

① 中国第一历史档案馆：《光绪朝朱批奏折》第26辑，中华书局1995年版，第626页；《周玉帅委员会绅开办团练》，《申报》1907年5月9日。
② 《顺德乡团统归顺德协节制》，《申报》1911年4月21日。

略行为，香山县民众自发组建团练，与葡萄牙侵略者展开周旋与斗争。在香山县团练的不懈斗争下，澳葡当局暂时停止了疏浚工程。宣统三年（1911），葡萄牙和中国两国国内皆发生革命政变，澳门划界问题暂时被搁置。

一、葡方侵占澳门附近区域

自葡萄牙殖民者占领澳门之后，一直寻求机会向澳门以外的区域进行扩张。鸦片战争以后，清政府开始遭受西方列强的殖民侵略，葡萄牙殖民者开始加紧其殖民扩张行动。太平天国运动之后，葡萄牙殖民者开始侵占澳门附近的塔石、沙岗、沙梨头、石墙街等村庄，并在澳门南面的西沙、氹仔、路环等海岛建造炮台，作为其殖民据点。19世纪70至80年代，葡澳当局先后侵占龙田、望厦、荔枝湾、青洲等地。中法战争期间，帝国主义列强在中国的扩张更为嚣张。中法战争之后，葡萄牙殖民者进一步侵占澳门附近地区，例如，在澳门北面侵占关闸以北地区，并设立路灯，宣布不许中国在北山岭炮台和汛房驻军；在澳门的西面占领对面山各乡村，借口曾在湾仔和银坑附近水面设立航标，单方面宣称这些村落在其管辖范围之内，甚至派兵侵入湾仔和银坑，向村里的渔民草油厂和医院勒缴捐税；在澳门的南面夺取十字门的几个岛屿；在澳门的东面则企图把澳门水界扩展至九洲洋的中心。

此外，葡澳当局频频侵犯中国海权，先后挑起多宗海权争议。

首先是拱北关驻军问题。因日本船军火走私案件发生，广东当局加强了拱北关缉私工作。澳门附近马骝洲是拱北关原有驻营之地，中国在此驻兵设防用以稽查走私，打击盗匪。然而葡澳当局却公然宣称，马骝洲属于澳门领海范围之内，反对中国驻兵。光绪三十四年四月二日（1908年5月1日），葡使向清政府外务部照会称："粤督在拱北关设立一营，驻兵百名，请撤回，以符条约。"①

其次是移动湾仔河浮标问题。澳门与湾仔河中央原设有浮标，本来是作停船之用，并非界标。但习惯上，中国民船往往沿浮标左侧湾仔岸边航行，

---

① 《外部发粤督张人骏电》，黄福庆主编、中央研究院近代史研究所编：《中国近代史资料汇编·澳门专档（1897—1928）》第二册，台北中央研究院近代史研究所1992年版，第58页。

而葡船则沿浮标右侧之澳门岸边航行。自从光绪三十四年（1908）"二辰丸"走私军火案件发生后，澳葡当局竟然偷偷将浮标从河中心移至湾仔岸边，同时又在鸡头山外海道添设浮标。葡澳当局此举意在通过阴移浮标的方式将环澳岛地及其附近水域据为己有。因此，光绪三十四年五月二十三日（1908年6月21日），清政府外务部照会葡使，严正指出这是一种违约行为，责令葡方立即"撤去浮标"①。

再次，葡澳当局公然在中国领海上巡逻，并稽查中国民船乃至兵船。光绪三十四年三月（1908年4月），东莞县三艘出港蚝艇驶到银坑河道，被葡人巡船勒令交费领照。蚝艇认为葡人违反条约，断然拒绝。葡人遂将该艇扣留，逮捕艇主，罚款5元。光绪三十四年五月十一日（1908年6月9日），广东水师"广元"号兵船在澳门对岸银坑河边停泊，葡澳兵船竟然闯进该片水域，对"广元"号进行稽查。清政府外务部对此向葡方提出严正交涉。

最后，光绪三十四年六月十九日（1908年7月17日），葡澳当局甚至照会清政府外务部，声称中国在湾仔、横琴等处驻军"有违条约"，希望中国政府撤去驻军，并在今后澳门划界时不能以曾经驻兵作为这些地方应属中国的证据。②葡方的无理要求自然遭到清政府的拒绝。至此，中葡双方关于澳门附近的海权争端愈发激烈。

中国人民对葡萄牙侵略者的扩张行径表示出极大的愤慨。香山县民众对葡澳当局肆意扩占澳门以外的领土和附近水域等行为表示深恶痛绝，要求划界行动迅速开展起来。

光绪三十四年（1908）年底，在人民的强烈要求下，清政府开始就澳门划界问题与葡方展开交涉。宣统元年二月（1909年3月），中葡双方经过反复交涉基本达成初步协议，即在划界期间，葡澳必须停止在中国领土征收地钞，并不得借浚海或浚河名义扩占领土；必须撤出进入中国领域的军舰等。葡萄牙殖民者表面上接受这些规定，但同时提出中国必须撤走前山至北

---

① 《外部发葡公使森德照会》，黄福庆主编、中央研究院近代史研究所编：《中国近代史资料汇编·澳门专档（1897—1928）》第二册，台北中央研究院近代史研究所1992年版，第67页。
② 《外部发葡国署公使柏德照会》，黄福庆主编、中央研究院近代史研究所编：《中国近代史资料汇编·澳门专档（1897—1928）》第二册，台北中央研究院近代史研究所1992年版，第79页。

山岭一带的驻军，以此作为交换条件。① 而实际上，当中国忠实履行协议，撤走北山岭驻军后，葡舰仍然游弋在内河，且并未停止对过往的中国船只征收税费，通过浚海阴占中国领海水域的行动亦未停止。除此之外，葡方还与港英当局勾结，暗中联络英方向清政府施压，试图迫使清政府接受葡方提出的无理要求。

二、香山县团练的抗葡斗争

宣统元年（1909），中葡双方围绕澳门划界问题开始展开谈判。在其谈判期间，为了支援中方、呼吁国际社会关注此次谈判，广州、香山、香港等地纷纷成立了勘界维持会。面对葡澳武力扩界的严峻局面，香山县民众在香山县勘界维持会会长杨应麟的带领下自发组建团练，以备葡萄牙殖民者的武力入侵。勘界维持会议决定，在形势岌岌可危的局面下，"为自卫计，赶置军火，举办联乡团防"②。宣统二年（1910），葡澳当局借口保护路环岛上教民，开始往路环岛派驻军队，企图武力占领路环岛。同年七月（1910年8月），葡军登陆路环岛，开始大肆烧杀抢掠，继而遭到岛上民众奋力抵抗，最终"村民数百家惨遭锋镝以死"③。"路环血案"发生后，同年十一月十七日，广州、香山、香港等地勘界维持会分别举行会议，决定组织请愿，要求废约收回澳门；同时发动义捐，筹集经费以加强民团武装，准备"赌一战以收回澳门"④。"路环血案"之后，葡澳当局扩界行动更为明目张胆，企图通过一系列疏浚工程阴占澳门附近区域。

宣统三年三月十三日（1911年2月11日），杨应麟召开勘界维持会议认为请愿抗议无济于事，于是决定成立义勇队以图自卫，并商定筹款、筹械，以及名额、驻扎地点等问题。⑤

在杨应麟的指导下，会议草拟了民团章程，大要是：

---

① 《外部致张人骏准刘使点澳门事葡请两国各派员会勘电》，王彦威、王亮辑编：《清季外交史料》第8册，湖南师范大学出版社2015年版，第3897页。
② 《香山勘界维持会特别会议评论》，《香山旬报》第34期，1909年8月26日。
③ 《路环村民之惨死原于界务之未定（时评）》，《香山旬报》第67期，1910年8月4日。
④ 《今后之中葡交涉》，《国风报》第1年第26号，1910年7月27日。
⑤ 《勘界维持会集议再志》，《香山循报》第90期，1911年3月22日。

本下恭都，因中葡澳界交涉未清，近日侵掘内地，几成决裂，拟联合都人举办团练，以为先事预防之法，集合团勇二百名，由各乡选送，每乡约十名，至多以三百为额，事有成效，再行推广。其经费由各乡公约量提捐助，若有殷户义损二元至五元为赞助员，十元为名誉员。公举总副参议，执行本社全体事务，总副司令，实行统率全队，调度指挥。拟在前山租借民房，以为团练公社。该团勇分一大队、两哨队，以一大队驻前山，以一哨队驻北岭，以二哨队驻湾仔，冀与巡防相望，以厚兵力。拟尚请廿六营郑管带担任编练，业蒙允许。团勇月饷七元，办事各员不受薪水，哨长队等由总副司令择能选充，星期常会，特别要事开临时会，器械俱用新式快枪，由各乡借用，如不足，备价禀官请领。如能获贼一名，奖给若干，缉拿内线及奸细，奖给若干；若御贼受伤，医愈；因而毙命，补恤。①

同年三月（1911年4月），香山勘界维持会上书请愿，提出解决澳门划界问题的两点建议：第一，政府速派军队驻扎湾仔与前山要隘，并发枪至民团，做好武力抗击葡澳当局扩张的准备；第二，在广州重开划界谈判，广东官员和勘界维持会的代表共同参加。请愿书得到各界人士的支持，亦得到广东当局的重视。两广总督张人骏决定将恭谷两都举办团防营事宜拨归前山厅庄丞，督同局绅办理稽查，使民团纳入政府的操控之下。

同年五月（1911年6月），葡澳委托英国人疏浚氹仔以北海面，用"由水及陆"的侵略手段，蚕食澳门附近的中国领土。杨应麟、容鹏等人鉴于形势危急，决定亲自组建本乡民团以图自卫，编练之法，募集两乡土著、体魄强壮、有职业而无嗜好者入团，先以一百名为额，妥定团章以训练。无事各安生业，遇变齐起严防，名曰南屏、北山两乡自卫团，由他们自己亲自掌控指挥。至于自卫团所需枪械，即由两乡分筹经费，详请督宪，恩准饬局核给单响毛瑟枪一百杆，子弹一万颗，由民团按价购买，以资自卫。② 人民自卫团从政府那里领到部分枪械装备，活跃在前山防线上。

---

① 《中国民兵之先声》，《香山循报》第90期，1911年3月22日。
② 《北山南屏保卫严》，《香山循报》第102期，1911年6月13日。

清政府鉴于香山人民强大的反对葡澳当局扩张澳门界址的斗争形势，态度也强硬起来，并命令广东政府全权处理澳门划界交涉事务。同年六月（1911年7月），广东当局照会葡方，明确要求葡澳当局立即停止疏浚工程。同年七月（1911年8月），广东政府向前山增派新军以后，照会葡澳当局，要求立即停止疏浚工程。《香山循报》勉励民团抗葡自保行动，"幸也，南乡已筹办民团矣。是举也，为民为劈头对葡第一举动，不特粤人须注目焉，即葡人亦当奔走不遑，动色相戒也。兹举虽小，谓关于南乡之安危可，谓关于一邑之安危亦无不可。"[①] 最终在中国方面不懈斗争下，葡澳当局被迫表示"愿化干戈为玉帛"，暂停疏浚工程。但辛亥革命的爆发，中国国内政局动荡，此时葡萄牙国内亦发生革命政变，澳门划界问题暂被搁置。尽管澳门划界问题未能得到解决，但在中国民众的不懈斗争下，葡澳当局最终得以退让，而香山县团练在其中起到关键性作用。

---

① 《勖南乡之筹办民团者》，《香山循报》第93期，1911年10月3日。

结　语

清代团练已经成为一个历史名词，而团练活动及其团练组织作为历史上曾经存在的一种社会现象和社会组织，我们对之该怎样认识与评判呢？本文对清代广东团练活动及其组织的设立、职能的发挥等方面进行全方位的考察，形成以下几点认识。

第一，清代广东团练组织是官府或地方士绅为应对社会动乱建立的地方武力自卫组织。

清代广东团练具有乡村团练、城市团练以及沿海水勇团练三种不同组织类型。"小团—大团—扩大团"是清代广东团练的组织规模，标准型与简化型是它的组织建置形态。清代广东团练组织人员按照领导与被领导的关系，分为团练领袖和团勇、练勇，一般团练领袖由士绅担任。在团练经费筹措方面，主要分为认捐、派捐和厘捐。在团练组织成立初期，团练经费一般来源于办团士绅以及部分官员的认捐。为了维持团练组织的正常运转，团练组织会对所管辖区域内所在的农户、商户强制征收一定数额的银两，此举称之为"派捐"。同时，团练组织还会设立关卡并征收一定的商业税，称之为"厘捐"。团练组织经费亦有多种用途，包括团练组织内部人员的薪金、团勇的口粮等待遇问题，也包括了武器装备的购买、出力绅民的奖赏、伤亡团勇的抚恤等等。另外，有些团练局还需要承担战乱之后的善后事宜，例如损毁公共建筑的修复、开仓放谷抑平物价、难民的救济等，同时也包括修建学院、疏通河道、修堤筑坝等的公共工程建设。甚至像顺德团练总局这样的大型团练组织还须向朝廷或省局进行捐输。"官督绅办"是清代广东团练组织的主要办理模式。自团练组织成立之时，朝廷与地方官府就十分注重对团练组织的管制。

就清代广东团练的组织概况而言，如果乡村地区发生动乱，自有乡村团练协助官府平叛，如果城市发生动乱，则有城市团练协助平叛，乃至当敌人从海上而来对广东地区进行骚扰时，沿海州县与乡村还可以组建沿海水勇团练进行防御、抗击。小规模战乱自有"小团"参与，大动乱自有"大团"参与，如若遇到超大型动乱，官府无力应对之时，自有"扩大团"协助平叛。从这点来看，无论清代广东地区的动乱是发生于何处，规模多大，皆有与之相对应的地区或等级的团练进行应对。而且从清代广东团练的内部组织建置来讲，它依照地缘与血缘关系形成了以士绅为领导核心、借广大乡民为主体、受官府节制的一套完整的组织形式。如此看来，清代广东团练似乎形成了一套足以应对任何规模战乱的组织建置。并且在这套组织建置之下，广东各地团练局的社会管理职能得到一定的拓展，团练局逐步介入基层社会的行政管理当中，成为地方社会管理的一个重要角色。随着团练职能的不断拓展完善，位于基层社会的团练组织俨然成为地方衙署以外的另一权力机关，表明了团练组织在于基层社会管理上举足轻重的地位。①

但是，团练组织职能的发挥亦受制于当地人口规模、经济状况和办团士绅个人能力等现实因素。并且团练组织亦会给基层社会带来一些负面影响，比如由团练经费自筹形成的强行派捐，无疑加重了当地百姓的负担，可能引发官、绅、民矛盾的激化。此外，一些团练组织的团勇为乌合之众，甚至是流氓地痞，这样的地方武力组织不仅护民不力，而且还扰民不止，危害社会。清代广东团练组织尽管存在诸如劣绅办团、团勇扰民、强行派捐等不良行为，对扰乱社会秩序形成不良影响，但在整体上对于社会秩序的稳定仍起到正面、积极的作用。可以说，清代广东士绅群体以及所创建的团练组织，在整体上很好地协助官府对基层社会实行有效的管控。

第二，清代广东团练组织的形式转变及其职能拓展具有一定的地方特

---

① "准官府机关"是西川喜久子对咸丰、同治时期顺德团练总局的评价。（［日］西川喜久子：《顺德团练总局成立始末》，苏林岗译，中国社会科学院近代史研究所《国外中国近代史研究》编辑部编：《国外中国近代史研究》第 23 辑，中国社会科学出版社 1994 年版，第 162 页。）丁日昌称咸丰、同治时期潮州保安总局为"辅助地方官政治"之机关。（［清］丁日昌：《复潮城局绅论治水书》（同治十二年），《代拟呈复潮州疏通海口情形书》，赵春晨编：《丁日昌集》下册，上海古籍出版社 2010 年版，第 1080 – 1082 页。［清］丁日昌：《复潮州保安总局书》，吴道镕：《广东文征》第五册，广东人民出版社 2019 年版，第 697 页。）

色。清代广东团练组织实现了从乡兵组织向具有军事武装的社会管理机构的形式转变,其职能由原来单一的军事功能拓展为兼具军事武装、社会管理的双重功能,并起到了一定的维护地方秩序、保护民众生命财产安全的作用。

清嘉庆华南海盗活跃时期,广东部分地区的团练组织形式开始由乡兵组织形式向具有军事武装的社会管理机构转变。其中最为典型的代表是顺德县"护沙"组织到容桂公约的建立。嘉庆之前的很长一段时期,顺德县沙田区域业主为了其他外来势力对自家沙田的侵扰,纷纷设立护沙组织。嘉庆九年(1804),海盗张保仔突入顺德县"东海十六沙"实施劫掠。为了应对海盗的进犯,顺德县士绅胡鸣鸾在各乡"护沙"组织的基础上建立起一个规模更为庞大的"护沙"组织——容桂公约。公约制度被当地知县沈权衡作为一种基层社会管理制度进行推广。所以此时的容桂公约已不再作为一种乡兵组织形式存在,而是具有军事武装的社会管理机构。其职能从原有的单一的军事功能拓展为兼具军事武装和社会管理的双重功能。

清代广东团练的发展体现出从民间武装组织到武装、社会管理两种职能兼而有之的机构,逐步实现了行政化的转变过程。然而并非所有清代团练组织的发展都是趋向行政化的。例如湖南、安徽、江西等省份的部分团练则呈现军事化的发展走向:湖南地区从湘乡县团练到湘勇,再到湘军,呈现出湖南团练军事化的发展趋向;太平天国运动时期,安徽地区李鸿章在庐州团练的基础上创建淮军;江西地区刘于浔在联合南昌县中洲局及附近地区团练基础上创建江军,就是军事化的发展走向。

清代广东团练组织既有"靖乱平叛"的军事功能,又有"社会管理"的行政职能,在不同时期各有侧重。社会动乱时,其军事职能更为彰显;社会承平时,其社会管理职能则更为突出。在当时社会秩序混乱的形势下,两种职能在协助官府平息动乱的重要性作用自不待说,就是对于实现基层社会管理、维护地方秩序稳定以及保护民众的生命财产安全等方面发挥出不小的作用,比如社会治安管理,受理词讼、调解民间纠纷,催缴米粮、协助官府征税,整饬民风民俗,实施社会救济,等等。

第三,清代广东团练活动与社会动乱的对应关系,体现出团练活动"应乱而起、乱止辄撤"的特点。

自清嘉庆以后广东地区历经嘉庆九年至十五年(1804—1810)的华南

海盗的扰乱、道光二十年至二十二年（1840—1842）的鸦片战争、咸丰四年至同治三年（1854—1864）的洪兵起义、咸丰六年至十年（1856—1860）的第二次鸦片战争、光绪九年至十一年（1883—1885）的中法战争、光绪二十四年（1898）以后的广东盗匪会党问题等六次大型社会动乱，由此引发五次大规模的团练活动，其时间段分别为1805—1810年、1839—1849年、1854—1862年、1884—1885年、1898—1911年。

从清代广东地区大型社会动乱与大规模团练活动两者起始与结束的时间节点可以发现，五次大规模团练活动随着六次大型社会动乱的兴起而开始，亦随着社会动乱的结束而终止，体现出团练活动"应乱而起、乱止辄撤"的特点。此外自清代嘉庆以后广东地区还存在许多零星的小型社会动乱，例如嘉庆七年至八年（1802—1803）的广东天地会起义、道光三十年（1850）的高州凌十八起义、咸丰九年至同治五年（1859—1866）的入粤太平军的系列军事活动、光绪二十四年至二十五年（1898—1899）的英法侵略者分别对香港新界和广州湾侵占、宣统元年至三年（1909—1911）的葡萄牙殖民者对澳门以外区域的侵占。这些小规模的社会动乱亦引发了小规模的团练活动。总之，嘉庆以后广东省的社会动乱是清代广东团练活动兴起的前提。由清代广东团练的兴办情况来看清代的团练活动，其共性是社会动乱是团练活动兴起的一个重要前提，团练活动的规模视动乱的大小而定，大规模的社会动乱促发大规模的团练活动，小规模的社会动乱促发小规模的团练活动。

第四，对外斗争主题鲜明是清代广东团练活动的一大特色。

在中国近代史上，外国列强发动过五次大规模的侵华战争（两次鸦片战争、甲午战争、中法战争、八国联军侵华），其中有三次与广东密切相关。与官方在反侵略斗争的妥协态度相比，广东地区以团练为代表的民间组织抗击外来侵略的民族主义情绪高涨，并展开了一系列的反侵略斗争。相较于清代其他省区，广东团练反抗外来侵略规模之大、次数之多，遂使反侵略斗争成为清代广东团练的特色。

发生在近代中国五次大型的外来侵略（鸦片战争、第二次鸦片战争、中法战争、甲午战争、八国联军侵华战争）中，有三次（两次鸦片战争和中法战争）与广东产生紧密联系，其中两次鸦片战争率先在广东地区爆发。对于抗击外来侵略，无论是官府发动还是广东民众的自觉行为，晚清时代的广东地区都是抗击外来侵略的前沿阵地，例如鸦片战争期间林则徐的禁烟运动、广州民众的"三元里抗英"、反租地斗争、反入城斗争等。这些对外的反侵略斗争中不乏由广东团练组织所倡导发动的，例如鸦片战争期间的社学团练、第二次鸦片战争期间的广东团练总局等。由于晚清政府军事上的退缩与外交上的对外妥协，遂使广东团练成为当时抗击外来侵略的主要力量。除了两次鸦片战争和中法战争，清代广东团练的对外斗争亦包括光绪二十四年（1898），英法两国逼迫清政府割让香港新界和广州湾时，遂溪县和新界民众的团练斗争。宣统元年至三年（1909—1911），香山县民众为抗议葡澳当局扩占澳门附近区域纷纷组建团练，进行不懈的反抗斗争。

然而以团练对抗外来侵略却并非广东独有。例如鸦片战争时期，台湾兵备道姚莹为防英舰扰台，命令绅耆组织团练壮勇。在姚莹的努力下，总数约为一万三千余人的团练壮勇被组织起来。道光二十一年八月（1841年9月），台湾团练人数已激增至四万七千余名，其中淡水厅竹堑城贡生林占梅，出钱出力表现突出。① 同样，在浙江沿海地区，英军对浙江定海的侵略亦激起当地民众的抗争。他们以各种方式与侵略者展开斗争，如实行坚壁清野，搜捕、惩办为侵略者采办食物供给的汉奸与买办，断绝英军的食物。同时，浙江沿海地区组建团练，各乡村之间自以为守，互相支援，防范侵略者。② 然而鸦片战争时期台湾和浙江等地团练的组建规模远没有广东地区那样庞大，与英军的斗争亦没有广东团练那样激烈。鸦片战争时期，英国侵略者围攻广州城，广州城危在旦夕。此时，广州城郊纷纷组建社学团练，广州城内成立了街约团练，仅城内的街约团练人数就已达近10万人。因此，相比于其他省区团练，广东地区团练组织的对外斗争更为激烈，其反侵略斗争色彩更为鲜明。

第二次鸦片战争时期的另一个战场天津，当时也奉旨办团。天津道府县均兴办团练，其中费荫樟练勇千人，曾协助守大沽口炮台，但随即在英法联

---

① ［清］达洪阿、姚莹：《防夷奏疏》，丁日健编：《治台必告录》卷3，沈云龙主编：《近代中国史料丛刊续编》第76辑，文海出版社1980年版，第191页。

② 姜涛、卞修跃：《中国近代通史·第2卷·近代中国的开端（1840—1864）》，江苏人民出版社2009年版，第117页。

军的坚船利炮下迅速崩溃。① 至于天津城内由长芦盐商张锦文为首举办团练，虽然联合商街铺户募勇2400人，但完全没有广东团练反侵略斗争的气势，对攻占大沽的英法联军非但没有采取对抗的姿态，团练局反而变成为英法军舰采办伙食的"支应局"。相较之下，同时期广东绅民抵抗外来侵略的坚决态度，成为清代广东团练活动的特色。说起清代团练，更多人关注的是其平叛治乱的军事征剿功能与社会控制的行政职能，对近代中国沿海省区的团练组织的对外反侵略斗争向来关注甚少，而清代广东团练的对外斗争的种种事迹凸显出反抗外来侵略的时代主题。

第五，发展形态较为连贯是清代广东团练活动的另一特点。

清代广东团练的发展划分为五大阶段，即嘉庆九年至十五年（1804—1810）、道光十九年至二十九年（1839—1849）、咸丰四年至同治十一年（1854—1872）、光绪十年至十五年（1884—1889）、光绪二十四年至宣统三年（1898—1911）。这五大阶段的划分是以清代中后期广东地区的大型战乱的兴起与平息为参照、以朝廷或地方督抚发布劝谕民间团练告示的时间为团练活动开始的标志。虽然各个阶段之间在时间顺序上存在着一定的断裂，但是从整体上仍是可以看出清代广东团练发展的连贯性。

清代他省团练活动情况则不如广东团练那样具有连贯性。以清代团练最为典型的湖南团练为例，其发展情况就呈现断断续续的状态。②

道光二十七年（1847），湖南新宁县爆发了雷再浩领导的天地会起义。新宁县首办团练，随后湘乡等县继之而起。迨至咸丰年间太平天国运动，太平军进军湖南，当时湖南有9个府州25个县相继举办团练。咸丰二年九月（1852年10月），太平军围攻长沙，巡抚张亮基檄调湘乡团练千余人至长沙

---

① 《天津夷务实记》（又名《津门夷务记（稿本）》）、中国史学会主编：《中国近代史资料丛刊·第二次鸦片战争》第1册，上海人民出版社1978年版，第477、481-482页。
② "湖南团练本为天下之最，湘乡团练又为湖南之最"。（《（同治）湘乡县志》卷5，兵防，团练，《中国地方志集成·湖南府县志辑》第19册，上海书店2003年版，第366页。）虽然研究清代湖南团练的论著颇多，但正如学术史回顾部分所述，大部分研究基本上只集中于太平天国运动时期，且与湘军紧密联系。因此涉及清代湖南团练发展情况的整体概述的论著，目前只有傅角今、刘岚荪编的《湖南之团防》和《湖南省志·军事志》中"团练"一节的相关记载。关于清代湖南团练的发展情况，主要参考这两本书的相关记载。（傅角今、刘岚荪：《湖南之团防》，1934年，沈云龙主编：《近代中国史料丛刊第三编》（第75辑），文海出版社1995年版，第1-12页。湖南省地方志编纂委员会编：《湖南省志·第五卷·军事志》，中国文史出版社1994年版，第625-629页。）

备战。后来太平军两次转战湖南，各地团练均配合官兵，对太平军进行"围剿""追剿"。曾国藩创建湘军以后，许多地方团练被召募组成湘军，其余的团练则渐次演变成地方团防武装。同治三年（1864），太平天国运动结束以后，湘军陆续解散。同治四年（1865），湘军曾国藩所部被裁至九千余人。同治、光绪年间，湘军的其他所部除极少数改为防军以外，大部分就地解散，遣送回乡。太平天国运动过后，随着湘军的大量被裁减，湖南地区的团练也只留下极小的一部分用于地区防卫，可见湖南团练在太平天国运动结束以后事实上已经"名存实亡"。①

湖南团练一直到清末光绪年间有过一段短暂的恢复。虽然在光绪十四年（1888）、光绪二十六年（1900）、光绪三十年（1904）、宣统二年（1910）四个年份中湖南官员曾提议重建团练，但这些号召也仅仅只是"重建"，而非在原有存在的基础上的进一步发展。由于存在着经费短缺，官、绅互相推诿，甚至还未筹备举办而危机已然解除等种种原因，这些号召也仅仅只是官府单方面的"呼吁"，并未真正落实到行动上。

反观清末光绪、宣统年间湖南团防的设立与之前咸丰年间的团练设立，其目的与意义完全不同，清末湖南团防的设立其主要目的在于维持地方治安，防范地方动乱，而咸丰的湖南团练则是以太平天国为主要打击对象，并以建立湘军为发展目的，所以光绪时期的湖南团防并不是咸丰年间湖南团练的延续，在设立目的和意义上也有着本质的不同。清末湖南团防最终被巡警制所取代，在其存在的方式上可以说是为了朝廷清末改革措施中巡警制的推行而做的准备。

总而言之，清代湖南团练的发展过程大致分为前后两大部分，咸丰、同治年间的湖南团练由于面临着太平军进犯的巨大威胁，在最初湖南团练的建立，继而出现练勇、勇营的建置，最后发展为湘军，整体形态上呈现地方军事化的发展走向。光宣年间的湖南团防主要是为了抑制地方动乱、稳定社会秩序而出现，虽经过官、绅多次呼吁，但事实上湖南团防等具体工作并未真正落实，收效甚微。清代湖南团练在整体发展形态上只有太平天国运动时期相对较为连贯，其他时期则是断断续续，旋起旋散。

又如广东的邻省——广西，早在清初顺治年间民间就设立有团练组织。

---

① ［美］爱德华·麦科德、周秋光：《清末湖南的团练和地方军事化》，《湖南师范大学社会科学学报》1989年第3期，第97页。

据《北流县志》记载,顺治十七年到康熙九年(1660—1670),清军出入中原,时局动荡,北流地方土寇窃发,地方官倡议民间组建团练,实施联乡互保。① 康熙五年(1666),瑶民作乱,广西灵川县组建团练防御,并协同官兵进剿。② 清初,广西北流、灵川、博白等地区已有零星的团练活动,但并未形成大规模团练活动。③ 清代广西真正形成大规模团练活动是:在道光末年,广西的天地会与拜上帝教相联结发动起义,清廷与地方官府极力劝谕地方组建团练。该次团练活动自道光三十年九月(1850 年 10 月)清廷饬令广西文武大臣发动绅民兴办团练为开始标志,到同治五年(1866)洪兵起义军陈开、李文茂所部大成军的失败为标志,共持续 17 年之久。④ 其间,广西团练战斗的对象包括广西天地会起义军、太平军,亦包括脱离太平政权转战至广西的石达开所部。清代广西第二次团练高潮是:清末两广地区盗匪问题日趋严重,自光绪二十一年(1895)以后,广西各地均设立团防局以治理盗匪。⑤ 该次团练运动一直持续至清朝灭亡,亦有 17 年之久。

由此可见,清代广西真正形成大规模团练活动只有两次,并且其中间间隔时间较长,未如清代广东团练活动那样持久连贯。不仅是清代湖南、广西团练,其他省区如贵州、江西、山东、四川等地方团练的发展形态皆不如广东团练具有连贯性。⑥

---

① 《(乾隆)重修北流县志》,卷 6,兵防,团练,故宫博物院编:《故宫珍本丛刊》第 203 册,广西府州县志,第 9 册,海南出版社 2001 年版,第 77 - 78 页。
② 《(民国)灵川县志》卷 14,纪事,《中国方志丛书·第 212 号》,成文出版社 1975 年版,第 1116 页。
③ 《(道光)博白县志》卷 7,经政略,兵防,中国国家图书馆特色资源(方志丛书),广西,第 6 册。
④ 刘晓琳:《太平天国革命时期的广西团练》,《大同高等专科学校学报》1995 年第 1 期。
⑤ 卢天然:《社会动乱与清代广西基层社会研究(1796—1911)》,华中师范大学硕士论文,2008 年版,第 120 页。
⑥ 目前,只有贵州、江西、山东、四川等省份的地方省志,有将"团练"作为一种民兵武装列为一节。查阅这些省志的"团练"情况的相关记录,整体上仍是对咸丰、同治时期的记载相对详细,其他时期的记录略显简略,从而导致笔者对以上省区团练发展形态做出不连贯的判断。另外,这些省区团练整体性研究的不足也是其中一个重要原因。(贵州省地方志编纂委员会编:《贵州省志·军事志》,贵州人民出版社 1995 年版,第 176 - 179 页。《江西省军事志》编纂委员会编:《江西省军事志》,江西省军事志编纂委员会 1997 年版,第 615 - 618 页。山东省地方史志编纂委员会编:《山东省志·军事志》下册,山东人民出版社 1996 年版,第 1012 - 1016 页。四川省地方志编纂委员会编纂:《四川省志·军事志》,四川人民出版社 1999 年版,第 485 - 493 页。)

清代广东团练组织的长期存在，以及团练活动的不断举办，反映了清中期以后广东地方社会动荡不安的社会现实。同时，由于广东特殊的地理位置，决定了清代广东社会不仅存有内乱，还有严重的外患问题。清代广东团练打击对象的多样性，亦反映出广东社会矛盾的复杂性。清代广东各地方团练活动的多元化与复杂化，团练组织形式及名称因地域不同而杂然并存，也充分显示出广东各区域社会状况的复杂性。

参考文献

一、典籍、资料汇编

[1] [清] 贺长龄主编：《皇朝经世文编》，沈龙云主编：《近代中国史料丛刊》第74辑，文海出版社1966年版。

[2] [清] 黄恩彤：《粤东省例新纂》（共八卷），清道光二十六年（1846）藩署刊本，中山大学图书馆馆藏。

[3] [清] 贾桢等纂：《筹办夷务始末（咸丰朝）》，中华书局1979年版。

[4] [清] 刘锦藻撰：《清朝续文献通考》，刘锦藻：《清朝续文献通考》（万有文库本），商务印书馆，1936年版。

[5] [清] 卢坤、邓廷桢编：《广东海防汇览》，王宏斌等校点，河北人民出版社2009年版。

[6] [清] 盛康辑：《皇朝经世文续编》，沈云龙主编：《近代中国史料丛刊》，第85辑，文海出版社1966年版。

[7] [清] 文庆等纂：《筹办夷务始末（道光朝）》，中华书局1960年版。

[8] [清] 袁永纶：《靖海氛记》卷下，八，巴黎国家图书馆藏清道光十年碧萝山房刊本。

[9] [清] 张廷玉撰：《清朝文献通考》（万有文库本），商务印书馆1935年版。

[10] [日] 佐佐木正哉编：《鸦片战争后的中英抗争（资料篇稿）》，近代中国研究委员会，1964年版。

[11] [清] 李桓辑：《国朝耆献类征初编》，明文书局1985年版。

[12] 《清实录》（全60册），中华书局1986年版。

［13］方梓乔：《方耀年谱》，汕头大学出版社 2019 年版。

［14］广东省地方史志编委会办公室、广州市地方志编委会办公室编：《清实录广东史料》（全 6 册），广东省地图出版社 1995 年版。

［15］广东省立中山图书馆、佛山市顺德区清晖园博物馆：《顺德历代文献选篇影印文丛（第一辑）》，世界图书出版广东有限公司 2020 年版。

［16］广东省文史研究馆、中山大学历史系编《广东洪兵起义史料》，广东人民出版社 1992 年版。

［17］广东省文史研究馆编：《三元里人民抗英斗争史料》，中华书局 1978 年版。

［18］广东省文史研究馆译：《鸦片战争史料选译》，中华书局 1983 年版。

［19］苏宪章主编：《湛江人民抗法史料选编（1898—1899）》，中国科学文化出版社 2004 年版。

［20］太平天国历史博物馆编：《太平天国史料丛编简辑》，中华书局 1961 年版。

［21］王彦威、王亮辑编：《清季外交史料》，湖南师范大学出版社 2015 年版。

［22］吴相湘主编：《中国史学丛刊·述报》，台湾学生书局 1965 年版。

［23］赵尔巽：《清史稿》，中华书局 1977 年版。

［24］中国第一历史档案馆编：《光绪宣统两朝上谕档》，广西师范大学出版社 1996 年版。

［25］中国第一历史档案馆编：《嘉庆道光两朝上谕档》，广西师范大学出版社 2000 年版。

［26］中国第一历史档案馆编：《咸丰同治两朝上谕档》，广西师范大学出版社 1998 年版。

［27］齐思和、林树惠、秦纪瑜编：《中国近代史资料丛刊·第二次鸦片战争》，上海人民出版社 1978 年版。

［28］齐思和、林树惠、秦纪瑜编：《中国近代史资料丛刊·鸦片战争》，上海书店出版社 2000 年版。

［29］齐思和、林树惠、秦纪瑜编：《中国近代史资料丛刊·中法战争》，上海人民出版社 1957 年版。

[30] 朱寿朋:《光绪朝东华录》,中华书局 1958 年版。

二、档案史料

[31] "中央研究院近代史研究所"编:《中国近代史资料汇编·澳门专档(1897—1928)》,台北"中央研究院近代史研究所"1992 年版。

[32] 刘志伟、陈玉环整理:《叶名琛档案——两广督府衙门档案残牍》,广东人民出版社 2013 年版。

[33] 舒国雄主编:《明清两朝深圳档案文献演绎》,花城出版社 2000 年版。

[34] 中国第一历史档案馆:《光绪朝朱批奏折》,中华书局 1995 年版。

[35] 中国第一历史档案馆:《嘉庆道光两朝上谕档》,广西师范大学出版社 2000 年版。

[36] 中国第一历史档案馆:《清政府镇压太平天国档案史料》,社会科学文献出版社 1992 年版。

[37] 中国第一历史档案馆编:《光绪宣统两朝上谕档》,广西师范大学出版社 1996 年版。

[38] 中国第一历史档案馆编:《咸丰同治两朝上谕档》,广西师范大学出版社 1998 年版。

[39] 中国第一历史档案馆编:《鸦片战争档案史料》,天津古籍出版社 1992 年版。

[40] 秦国经主编:《清代官员履历档案全编》,华东师范大学出版社 1997 年版。

[41] 中国人民大学清史研究所、中国第一历史档案馆编:《天地会》(第6-7 册),中国人民大学出版社 1988 年版。

[42] 中国人民大学清史研究所、中国第一历史档案馆编:《天地会》,中国人民大学出版社 1987 年版。

三、地方志与工具书

[43] 《(道光)廉州府志》,广东省地方史志办公室辑:《广东历代方志集成·廉州府部》第 3 册,岭南美术出版社 2007 年版。

[44] 《(道光)钦州志》,广东省地方史志办公室编:《广东历代方志集

成·廉州府部》第 5 册，岭南美术出版社 2007 年版。

[45]《（光绪）广州府志》，《中国地方志集成·广东府县志辑》第 2 册，上海书店出版社 2003 年版。

[46]《（光绪）惠州府志》，《中国地方志集成·广东府县志辑》第 15 册，上海书店出版社 2003 年版。

[47]《（光绪）清远县志》，《中国方志丛书·第 54 号》，成文出版社 1974 年版。

[48]《（光绪）饶平县志》，《广东历代方志集成·潮州府部（十八）》，岭南美术出版社 2009 年版。

[49]《（光绪）四会县志》，《中国方志丛书·第 58 号》，成文出版社 1974 年版。

[50]《（光绪）四会县志》，《中国方志丛书·第 58 号》，成文出版社 1974 年版。

[51]《（光绪）香山县志》，广东省地方史志办公室辑：《广东历代方志集成·广州府部》第 36 册，岭南美术出版社 2007 年版。

[52]《（民国）大埔县志》，广东省地方史志办公室辑：《广东历代方志集成·潮州府部（二十五）》，岭南美术出版社 2009 年版。

[53]《（民国）东莞县志》，广东省地方史志办公室辑：《广东历代方志集成·广州府部》第 24 册，岭南美术出版社 2007 年版。

[54]《（民国）丰顺县志》，《广东历代方志集成·潮州府部（三十一）》，岭南美术出版社 2009 年版。

[55]《（民国）佛山忠义乡志》，《中国地方志集成·乡镇志辑》第 30 册，上海书店出版社 1992 年版。

[56]《（民国）合浦县志》，广东省地方史志办公室：《广东历代方志集成·廉州府部》第 6 册，岭南美术出版社 2007 年版。

[57]《（民国）花县志》，广东省地方史志办公室辑：《广东历代方志集成·广州府部》第 47 册，岭南美术出版社 2007 年版。

[58]《（民国）乐昌县志》，《中国方志丛书·第 184 号》，成文出版社 1967 年影印本。

[59]《（民国）饶平县志补订》，香港大学冯平山图书馆藏稿本。

[60]《(民国)顺德县志》,《中国方志丛书·第4号》,成文出版社1966年版。

[61]《(民国)阳江县志》,《中国地方志集成·广东府县志辑》第40册,上海书店出版社2003年版。

[62]《(民国)英德县续志》,《中国地方志集成·广东府县志辑》第12册,上海书店出版社2003年版。

[63]《(同治)番禺县志》,广东省地方史志办公室辑:《广东历代方志集成·广州府部》第20册,岭南美术出版社2007年版。

[64]《(同治)南海县志》,广东省地方史志办公室辑:《广东历代方志集成·广州府部》第11册,岭南美术出版社2007年版。

[65]《(同治)韶州府志》,《中国方志丛书·第2号》,成文出版社1966年版。

[66]《(同治)韶州府志》,《中国方志丛书·第2号》,成文出版社1966年版。

[67]《(咸丰)顺德县志》,广东省地方史志办公室辑:《广东历代方志集成·广州府部》第17册,岭南美术出版社2007年版。

[68]《(宣统)南海县志》,广东省地方史志办公室辑:《广东历代方志集成·广州府部》第14册,岭南美术出版社2007年版。

[69]《(雍正)惠来县志》,《中国方志丛书·第116号》,成文出版社1967年影印本。

[70]《茶山乡志》,《中国地方志集成·乡镇志专辑》第32册,上海书店出版社2003年版。

[71]饶宗颐:《潮州志》,民国潮州修志馆铅印仿宋聚珍本。

[72]《(乾隆)重修北流县志》,故宫博物院编:《故宫珍本丛刊》第203册,广西府州县志,第9册,海南出版社2001年版。

[73]《(民国)灵川县志》,《中国方志丛书·第212号》,成文出版社1975年版。

[74]《(道光)博白县志》,中国国家图书馆特色资源(方志丛书),广西,第6册。

[75]《(民国)西宁县志》,《中国地方志集成·广东府县志辑》第51册,

上海书店出版社 2003 年版。

[76] 湖南省地方志编纂委员会编：《湖南省志·第五卷·军事志》，中国文史出版社 1994 年版。

[77] 四川省地方志编纂委员会编纂：《四川省志·军事志》，四川人民出版社 1999 年版。

[78] 贵州省地方志编纂委员会编：《贵州省志·军事志》，贵州人民出版社 1995 年版。

[79] 《江西省军事志》编纂委员会编：《江西省·军事志》，江西省军事志编纂委员会，1997 年版。

[80] 山东省地方史志编纂委员会编：《山东省志·军事志》，山东人民出版社 1996 年版。

[81] 《广东历史地图集》编辑委员会：《广东历史地图集》，广东省地图出版社 1995 年版。

四、奏议、日记、笔记、文集等

[82] ［清］丁日健编：《治台必告录》，沈云龙主编：《近代中国史料丛刊续编》第 76 辑，文海出版社 1980 年版。

[83] ［清］杜凤治：《望凫行馆宦粤日记》（手抄本），同治六年七月初五日，广东省立中山图书馆、中山大学图书馆编：《清代稿钞本》（第 10－19 册），广东人民出版社 2007 年版。

[84] ［清］方濬师：《岭西公牍汇存》，沈云龙主编：《近代中国史料丛刊》第 27 辑，文海出版社 1973 年版。

[85] ［清］郭嵩焘：《郭嵩焘奏稿》，杨坚点校，岳麓书社 1983 年版。

[86] ［清］郭嵩焘撰：《郭嵩焘全集》，岳麓书社 2012 年版。

[87] ［清］何嗣焜编：《张靖达公（树声）奏议》，沈云龙主编：《近代中国史料丛刊》第 23 辑，文海出版社 1973 年版。

[88] ［清］梁廷枏撰：《夷氛闻记》，邵循正点校，中华书局 1959 年版。

[89] ［清］毛承霖编：《毛尚书（鸿宾）奏稿》，沈云龙主编：《近代中国史料丛刊》第 61 辑，文海出版社 1973 年版。

[90] ［清］彭玉麟：《彭玉麟集》，梁绍辉等整理，岳麓书社 2003 年版。

[91][清]彭玉麟：《彭玉麟集》，梁绍辉等整理，岳麓书社2003年版。
[92][清]石香村居士编辑：《戡靖教匪述编》，载故宫博物院编：《钦定新疆识略》（故宫珍本丛刊第58册合订本），海南出版社2000年版。
[93][清]孙玉庭：《延釐堂集》，清代诗文集汇编委员会编：《清代诗文集汇编》第438册，上海古籍出版社2010年版。
[94][清]谭钟麟：《谭文勤公（钟麟）奏稿》，沈云龙主编：《近代中国史料丛刊》第33辑，文海出版社1973年版。
[95][清]王树枏编：《张文襄公（之洞）全集》，沈云龙主编：《近代中国史料丛刊》第49辑，文海出版社1970年版。
[96][清]王先谦编：《郭侍郎（嵩焘）奏疏》，沈云龙主编：《近代中国史料丛刊》第16辑，文海出版社1973年版。
[97][清]王鑫：《王壮武公遗集》，沈云龙主编：《近代中国史料丛刊》第25辑，文海出版社1966年版。
[98][清]许乃钊辑：《乡守辑要合抄》（共十卷），清咸丰三年（1853）武英殿刊本。
[99][清]章佳容安辑：《那文毅公两广总督奏议》，沈云龙主编：《近代中国史料丛刊》第21辑，文海出版社1973年版。
[100]林则徐全集编辑委员会编：《林则徐全集》，海峡文艺出版社2002年版。
[101]陈锡祺主编：《林则徐奏稿·公牍·日记补编》，中山大学出版社1985年版。
[102]顾廷龙、戴逸主编：《李鸿章全集》，安徽教育出版社2008年版。
[103]王云五主编：《道咸同光四朝奏议》，台湾商务印书馆，1970年版。
[104]苑书义、孙华峰、李秉新主编：《张之洞全集》，河北人民出版社1998年版。
[105]赵春晨编：《丁日昌集》，上海古籍出版社2010年版。

五、报刊

[106]《（光绪）岭东日报》
[107]《（光绪）香山旬报》/《香山循报》

[108]《岭海报》

[109]《民生报》

[110]《申报》

[111]《香港华字日报》

[112]《中华新报》

六、著作

[113] [美] 孔飞力:《中华帝国晚期的叛乱及其敌人——1796—1864 年的军事化与社会结构》,谢亮生等译,中国社会科学出版社 1990 年版。

[114] [美] 穆黛安:《华南海盗:1790—1810》,刘平译,中国社会科学出版社 1997 年版。

[115] [美] 魏斐德:《大门口的陌生人:1839—1861 年间华南的社会动乱》,王小荷译,中国社会科学出版社 1988 年版。

[116] [清] 王闿运:《湘军志》,[清] 王闿运:《清末民初文献丛刊》,朝华出版社 2018 年版。

[117] [清] 夏燮:《中西纪事》,高鸿志点校,岳麓书社 1988 年版。

[118] 曾昭璇:《广州历史地理》,广东人民出版社 1991 年版。

[119] 傅角今、刘岚荪:《湖南之团防》,沈云龙主编:《近代中国史料丛刊三编》第 75 辑,文海出版社 1995 年版。

[120] 广州市经济研究院、广州市地方志编纂委员会办公室编:《广州近代经济史》,广东人民出版社 1998 年版。

[121] 何文平:《变乱中的地方权势:清末民初广东的盗匪问题与社会秩序》,广西师范大学出版社 2011 年版。

[122] 贺跃夫:《晚清士绅与近代社会变迁——兼与日本士族比较》,广东人民出版社 1994 年版。

[123] 黄永豪:《土地开发与地方社会:晚清珠江三角洲沙田研究》,文化创造出版社 2005 年版。

[124] 黄宗智:《法典、习俗与司法实践:清代与民国的比较》,上海书店出版社 2003 年版。

[125] 黄宗智:《民事审判与民间调解:清代的表达与实践》,中国社会科

学出版社 1998 年。

[126] 黄宗智：《清代的法律、社会与文化：民法的表达与实践》，上海书店出版社 2001 年。

[127] 军事科学院《中国近代战争史》编写组：《中国近代战争史》，军事科学出版社 1984 年版。

[128] 科大卫：《皇帝和祖宗：华南的国家与宗族》，卜永坚译，江苏人民出版社 2010 年版。

[129] 雷冬文：《近代广东会党：关于其在近代广东社会变迁中的作用》，暨南大学出版社 2004 年版。

[130] 梁庚尧：《中国社会史》，东方出版中心 2016 年版。

[131] 梁治平：《清代习惯法：社会与国家》，中国政法大学出版社 1996 年版。

[132] 刘平：《被遗忘的战争——咸丰同治年间广东土客大械斗研究（1854—1867）》，商务印书馆 2003 年版。

[133] 刘铁铭：《湘军与湘乡》，岳麓书社 2006 年版。

[134] 陆宝千：《论晚清两广的天地会政权》，"中央研究院近代史研究所" 1985 年版。

[135] 秦宝琦：《清前期天地会研究》，中国人民大学出版社 1988 年版。

[136] 谭棣华：《清代珠江三角洲的沙田》，广东人民出版社 1993 年版。

[137] 王崇敏：《南海海洋文化研究》，海洋出版社 2016 年版。

[138] 王一娜：《清代广府乡村基层建置与基层权力组织——以方志的记述为中心》，南方日报出版社 2015 年版。

[139] 吴吉远：《清代地方政府的司法职能研究》，中国社会科学出版社 1998 年版。

[140] 萧一山：《清代通史》，中华书局 1986 年版。

[141] 姜涛、卞修跃：《中国近代通史·第 2 卷·近代中国的开端（1840—1864）》，江苏人民出版社 2009 年版。

[142] 张研、牛贯杰：《19 世纪中期中国双重统治格局的演变》，中国人民大学出版社 2002 年版。

[143] 张仲礼：《中国绅士：关于其在 19 世纪中国社会作用的研究》，李荣

昌译，上海社会科学院出版社 1991 年版。

[144] 赵东亮：《明清佛山地方治理研究》，广东人民出版社 2017 年版。

[145] 郑秦：《清代司法制度研究》，湖南教育出版社 1988 年版。

[146] 朱来常：《淮军始末》，黄山书社 1984 年版。

[147] 庄吉发：《清代天地会源流考》，故宫博物院丛刊 1981 年版。

七、论文

[148] 陈宝良：《明代的民兵与乡兵》，《中国史研究》1994 年第 1 期。

[149] 陈骏：《清前期团练问题研究》，《清史研究》2021 年第 5 期。

[150] 陈启汉：《清代乾嘉时期朱濆海上起事考辩》，《广东社会科学》2010 年第 3 期。

[151] 崔岷：《咸丰初年清廷委任"团练大臣"考》，《历史研究》2014 年第 6 期。

[152] 崔岷：《倚重与警惕：1843 年的团练"防夷"之议与清廷决策》，《史学月刊》2018 年第 11 期。

[153] 崔岷：《游移于官、绅之间：清廷团练办理模式的演变（1799—1861）》，《史学月刊》2019 年第 7 期。

[154] 董蔡时：《试论李鸿章创建淮军及其初步发展》，《安徽史学》1986 年第 1 期。

[155] 何文平：《被舆论化的历史："粤东盗甲天下"说与近代广东匪患》，《中山大学学报（社会科学版）》2005 年第 1 期。

[156] 何文平：《清末地方军事化中的国家与社会——以广东团练为例》，《学术研究》2009 年第 9 期。

[157] 何文平：《清末广东巡警制的创建与官绅关系》，《中山大学学报（社会科学版）》2006 年第 5 期。

[158] 何圳泳：《"一时之功"与"长久之计"："坚壁清野"治盗方略的解析——以嘉庆十年（1805）两广总督那彦成的海盗治理为例》，《汕头大学学报（人文社会科学版）》2019 年第 8 期。

[159] 雷冬文：《嘉庆年间天地会在广东复兴的社会根源》，《广东社会科学》2001 年第 1 期。

［160］李平亮：《晚清地方军事化与基层社会的重组——以南昌地区为中心的考察》，《中国社会经济史研究》2004年第3期。

［161］刘铁铭：《湘军发祥的社会土壤》，《广西社会科学》2006年第1期。

［162］刘希伟：《清代人口流动背景下的教育机会冲突问题——关于土客学额之争的考察》，《社会科学战线》2013年第3期。

［163］刘晓琳：《太平天国革命时期的广西团练》，《大同高等专科学校学报》1995年第1期。

［164］骆宝善：《太平天国时期的广东天地会起义述略》，《中山大学学报（社会科学版）》1981年第4期。

［165］牛贯杰：《从"守望相助"到"吏治应以团练为先"——由团练组织的发展演变看国家政权与基层社会的互动关系》，《中国农史》2004年第1期。

［166］邱捷：《清末香山的乡约、公局——以〈香山旬报〉的资料为中心》，《中山大学学报（社会科学版）》2010年第3期。

［167］邱捷：《晚清广东的"公局"士绅控制乡村基层社会的权力机构》，《中山大学学报（社会科学版）》2005年第4期。

［168］邱捷：《知县与地方士绅的合作与冲突——以同治年间的广东省广宁县为例》，《近代史研究》2006年第1期。

［169］汪林茂：《论湘军与团练的关系》，《杭州大学学报（哲学社会科学版）》1986年第2期。

［170］王继平：《论湘军兴起的社会土壤》，《史学月刊》1992年第3期。

［171］王一娜：《晚清珠三角地区公约、公局的缘起及初期演变》，《广东社会科学》2011年第6期。

［172］翁飞：《试论淮军的创建》，《安徽史学》1988年第1期。

［173］吴昌隐：《郭嵩焘与晚清广东土客大械斗》，《神州民俗（学术版）》2012年第1期。

［174］萧国健、卜永坚：《袁永纶著〈靖海氛记〉笺注专号》，《田野与文献》2007年第46期。

［175］许存健：《清代咸丰年间广东捐输收支研究》，《中国经济史研究》2020年第5期。

[176] 杨念群：《论十九世纪岭南乡约的军事化——中英冲突的一个区域性结果》，《清史研究》1993年第3期。

[177] 杨奕青：《咸丰初年的湘乡县团练及其对湘军崛起的影响》，《求索》1987年第1期。

[178] 叶少华：《东莞明伦堂》，广东省政协文史资料研究委员会：《广东风情录》，广东人民出版社1987年版，第125－129页。

[179] 张研：《清代中后期中国基层社会组织的纵横依赖与相互联系》，《清史研究》2000年第2期。

[180] 张友仁：《鸦片战争前后广州人民的抗英斗争是社学组织领导的》，《学术研究》1962年第5期。

[181] 郑大华：《试论湘军崛起于湖南的社会原因》，《学术论坛》1988年第4期。

[182] 郑大华：《太平天国时期的湖南团练》，《湖南师范大学社会科学学报》1986年第4期。

[183] 郑海麟：《鸦片战争时期广东以社学为中心的抗英斗争》，《深圳大学学报（人文社会科学版）》1990年第3期。

[184] 郑亦芳：《清代团练的组织与功能——湖南、两江、两广地区之比较研究》，《台湾师大历史学报》1977年第5期。

[185] 周源：《试论义和团运动时期的直、鲁民团》，中国义和团运动史研究会编：《义和团运动与近代中国社会》，四川省社会科学院1987年版，第161－164页。

[186] ［法］费尔南·布罗代尔：《历史科学和社会科学：长时段》，何兆武主编：《历史理论与史学理论：近现代西方史学著作选》，商务印书馆1999年版，第799－817页。

[187] ［韩］都重万：《嘉庆间广东社会不安与团练之发展》，《清史研究》1998年第3期。

[188] ［韩］都重万：《清代广东乡治组织与团练之渊源》，阎纯德主编：《汉学研究》第2集，中国和平出版社1997年版，第356－373页。

[189] ［美］爱德华·麦科德、周秋光：《清末湖南的团练和地方军事化》，《湖南师范大学社会科学学报》1989年第3期。

[190] [日] 西川喜久子著，苏林岗译：《顺德团练总局成立始末》，中国社会科学院近代史研究所《国外中国近代史研究》编辑部：《国外中国近代史研究》第23辑，中国社会科学出版社1993年版，第123－165页。

[191] [日] 夏井春喜：《鸦片战争广东的抗英斗争》，李少军译，许秀灵校，武汉大学历史系鸦片战争研究组编：《外国学者论鸦片战争与林则徐》上册，福建人民出版社1989年版，第210－234页。

[192] "Journal of Occurrences", *The Chinese Repository*, Vol. X. No. IV, (April, 1841).

[193] [韩] 都重万：《清末广东团练之研究（1796—1874）》，台湾师范大学硕士学位论文1979年。

[194] 应宗华：《镇压太平天国运动的地方武装——南昌士绅刘于浔及其江军研究》，南昌大学硕士学位论文2007年。

[195] 卢天然：《社会动乱与清代广西基层社会研究（1796—1911）》，华中师范大学硕士学位论文2008年。

后 记

本书是在我博士学位论文《清代广东团练研究（1804—1911）》的基础上修订而成的。与博士论文不同的是，该书加入了嘉庆广东天地会起义期间广东团练活动的内容，因此将清代广东团练活动的时间上延至 1802 年。博士学位论文主要对论述清代广东的 4 次大规模团练活动展开论述（即 1805—1810、1839—1849、1854—1862、1884—1885、1898—1911 年），呈现的并非是一个完整的团练活动情况。而该书则是对该部分内容做的进一步的补充，呈现了更为完整的清代广东团练活动情况。个人认为进行历史研究，特别是针对某一事物进行深入研究，势必要厘清研究对象的一个整体发展形态和整个发展脉络，这无疑是史学研究中的基础工作，亦是在对研究对象展开深入探讨之前所必须进行的一个重要环节。就清代广东团练研究而言，前人时贤并无相关作品具体阐述其完整的发展过程。因此，阐述一个完整的清代广东团练活动过程，既是一项学术创新，亦是本人在撰写博士学位论文过程中未能实现的一个重要想法。如今，该书的顺利出版使我如愿以偿！当然，这只是本人的整个学术生涯的开始，未来本人力争撰写出一部全国范围的清代团练史。

《清代广东团练史（1802—1911）》的撰写和完成，得益于博士论文答辩阶段诸多评审专家提供的宝贵意见，特别是其中提到"先有组织结构建置，后有组织活动情况"的建议，成为该书的撰写思路和结构框架。正是这些评审专家的认可和建议，本书方能在问题意识、研究对象、篇章结构等诸多方面有进一步完善。在此，本人向为我的博士学位论文撰写提出宝贵意见的评审专家致以深深的谢意！

另外，湖南师范大学出版社诸多工作人员为书稿的修改和完善付出了大量的精力。他们的敬业与专业，是本书得以顺利出版的重要保障。在此，向他们表示诚挚的感谢！

最后，特别感谢父母对我学术研究的理解与支持。正是有家人的关怀与包容，我才能在学海中得以不断前进。

何圳泳

壬寅年戊申月于潮州